编委会

做有温度的班主任

孟艳艳　郭秋生　李晓萌　主编

暨南大学出版社
JINAN UNIVERSITY PRESS

中国·广州

图书在版编目（CIP）数据

做有温度的班主任 / 孟艳艳，郭秋生，李晓萌主编.

广州 ：暨南大学出版社，2024. 12. -- ISBN 978-7-5668-4035-6

Ⅰ. G451.6

中国国家版本馆 CIP 数据核字第 2024RV4627 号

做有温度的班主任

ZUO YOU WENDU DE BANZHUREN

主　编：孟艳艳　郭秋生　李晓萌

....

出 版 人：阳　翼

策划编辑：潘雅琴

责任编辑：潘江曼

责任校对：刘舜怡　王雪琳

责任印制：周一丹　郑玉婷

出版发行：暨南大学出版社（511434）

电　　话：总编室（8620）31105261

　　　　　营销部（8620）37331682　37331689

传　　真：（8620）31105289（办公室）　37331684（营销部）

网　　址：http：//www. jnupress. com

排　　版：广州良弓广告有限公司

印　　刷：广州市友盛彩印有限公司

开　　本：787mm×1092mm　1/16

印　　张：17. 25

字　　数：265 千

版　　次：2024 年 12 月第 1 版

印　　次：2024 年 12 月第 1 次

定　　价：69. 80 元

代序：立德树人　琢玉成器

教育是国之大计、党之大计。党的二十大报告提出，我们要办人民满意的教育，全面贯彻党的教育方针，落实立德树人根本任务，培养德智体美劳全面发展的社会主义建设者和接班人。郑敬诒职业技术学校是国家级重点中等职业学校、国家中等职业教育改革发展示范学校、广东省高水平学校建设单位。学校遵循"为学生成功奠基，为社会发展服务"的办学宗旨，确立了"每位学生都可培养，每位学生均可成才"的教育观和成才观，形成了独具特色"琢玉"育人理念：每位学生都是一块璞玉，经过精心雕琢，均可成为独一无二的美玉。经过多年实践，打造了独具特色的"琢玉"文化校园。2020年，学校"琢玉"文化建设案例入选"全国职业院校文化建设100强"。

在"琢玉"育人理念的引领下，佛山市顺德区郑敬诒职业技术学校打造了"温润"德育品牌，温润德育通过粗凿璞玉、细琢美玉、精雕灵玉，温润生命底色、滋润生命主色、光润生命彩色，把立德树人根本任务落细、落实到学校德育工作中。用有温度的德育，让生命更加润泽，孟艳艳名班主任工作室也应运而生。

佛山市顺德区郑敬诒职业技术学校历来重视班主任队伍建设，是佛山市顺德区较早建设班主任工作室的学校；从郭群老师的伦教街道班主任工作室到孟艳艳老师的顺德区名班主任工作室，它们如今已发展为佛山市名班主任工作室。孟艳艳老师是青年教师的优秀代表，是广东省名班主任、佛山市名班主任；孟艳艳名班主任工作室的建设得到了广东省中等职业学校德育研究与指导中心汪永智主任、华南师范大学心理学院陈俊教授、东莞市商业学校曹永浩校长等专家的悉心指导。通过名班主任工作室的建设，一大批年轻班主任得到迅速成长，培养了周玲、李慧文、郭俊三位全国职业院校技能大赛中等职业学校班主任能力比赛一等奖获得者，工作室成员晏美凤获得全国班主任能力大赛三等奖，冀殿琛获 2022 年广东省"最美中职班主任"提名；与此同时，工作室为佛山市顺德区第三职业教育集团的勒流职业技术学校、龙江职业技术学校培养了罗淑影、周卓、梁铭逊、曹妙琪、肖琼等多位优秀班主任。近年来，孟艳艳老师多次赴中山、清远等地分享班主任工作室建设经验，其网站推文获得了全国各地班主任的点赞，充分发挥了名班主任工作室的示范引领作用。2021 年 12 月，孟艳艳名班主任工作室获得广东省第八届中小学班主任专业能力大赛中职名班主任工作室建设组决赛一等奖。

班主任专业化是近年来对班主任工作提出的新要求，班主任是专业工作者，必须加强对教育教学理论的学习和研究，结合实际构思班主任工作的方法和策略，才能适应不断发展的教育形势，培养出更多德才兼备的好学生，班主任才会在专业化成长的道路上走得更远。专业化发展需要我们的班主任具备引领学生成长的核心素养：品德高尚、育人有方、爱心陪伴，引导学生积极向上；心理健康、乐观豁达，既可以帮助学生解决各种问题，又可以引领学生向着梦想前进。

用科学研究解决班级管理中遇到的问题，用专业去引导学生健康成长，让名班主任工作室成为"三全"育人的重要载体。名班主任工作室作为一个基层的学术机构，以科学研究的方法解决学生遇到的问题，通过参加班主任能力大赛提升班主任能力，让班主任专业化发展有了实训基地。通过这样的专业化培养方法，班主任工作将会成为学生健康成长的助推器。孟艳艳老师作为工作室的主持人，具有高尚的师德师风和高超的立德树人技能，争取让每一名学生在成长的道路上成才和成功，这也是名班主任工作室的作用。

本书汇集了近年来孟艳艳名班主任工作室建设的智慧，也是学校德育工作的一个缩影，分为有温度的育人故事、有温度的班级活动、有温度的管理妙招、有温度的家校沟通、有温度的育人文化五部分。涵盖了班主任工作的方方面面，如思政教育、班级管理、家校沟通、心理健康教育、劳动教育等，内容生动具体，可读性强，每个章节内容既相互关联，又相对独立，既是学校德育研究项目，也是学校创新改革的重要手段与途径，值得细细研读、品味。

党的二十大报告提出，实施科教兴国战略，强化现代化建设人才支撑；以中国式现代化全面推进中华民族伟大复兴。2022 年 12 月，中共中央办公厅、国务院办公厅印发《关于深化现代职业教育体系建设改革的意见》，提出以贯彻落实党的二十大重大部署为统领，以服务人的全面发展、服务经济社会高质量发展为基点，统筹职业教育、高等教育、继续教育协同创新，推进职普融通、产教融合、科教融汇，革新职业教育理念，破解长期制约职业教育发展的瓶颈，不断优化职业教育类型定位，撬动教育综合改革，对统筹推进科教兴国战略、人才强国战略、创新驱动发展战略意义重大、影响深远。为党育人，为国育才，班主任工作任重道远。

教育部部长怀进鹏曾表达自己的教育观点：提倡"有温度的教育"。他认为在传授知识的过程中，学校更应该注重启发和唤醒学生对知识背后动机问题的认识，以培养他们真正的想象力和对问题的质疑能力。"有温度的教育"不仅仅重视知识的传递，更注重人与人之间的沟通、人文的交流，人的素养及团队的合作，特别是学生对文化的自信、对社会的理解。学校通过这种方式来关爱学生、培养学生、推进学生的发展。用"有温度的教育"来培养"德能兼备，身心两健"（我校校训）的高素质技术技能人才，班主任工作永远在路上。

本书的编写得到了广东省中等职业学校德育研究与指导中心汪永智主任的悉心指导，本书的出版得到了暨南大学出版社的大力支持，在此表示衷心感谢。由于编者水平及时间有限，书中难免有疏漏之处，恳请各位读者批评指正。

郭秋生
2024 年 6 月写于顺德

做有温度的班主任

目 录

Contents

有温度的育人故事

赢了与赢得

冀殿琛

卡耐基说："如果你是对的，就要试着温和地、有技巧地让对方同意你；如果你错了，就要迅速而热诚地承认错误。这要比为自己争辩有效和有趣得多。"作为班主任的我们，在教育学生的过程中往往为了自认为的"为学生好"，或者为了"师道尊严"而放不下面子，在沟通的过程中意气用事，最后可能会改变学生的人生轨迹。

"老师，小培又没来上课。"一大早，班干部向我汇报。我马上拨通了小培父亲的电话。"他是死是活，都是他自找的，老师，您也不用再为他费心了。"这样的对话，几乎每隔几天就上演一遍，我真的是心力交瘁。

中午下班后，刚出校门，就看到几个男生围在一辆摩托车旁，我一下便认出了小培。我当时火冒三丈，冲着小培大喊："老师和家长都在找你，你在这里干吗?!"小培被我吓了一跳，他扫视了一眼身边的朋友，指着我说："我要你管，你以为你是谁?""你说我是谁?""我早就受够你了，在家被骂，到学校也是一样。"说完他跨上摩托车扬长而去，只留下同伴的喝彩声："小培，威武!"那时那刻，我的心情可想而知。

第二天，小培像没事人一样回到班上，我怎能允许这样的行为发生呢? 我让他到办公室等我。我本来是想冷静下来好好和他聊聊的，但一看到他梗着脖子、斜眼看我的样子，我又按捺不住自己的情绪了："你就没什么话和我说吗?""有什么好说的，大不了就退学。""你不觉得你昨天的态度有点儿过分吗?""那你呢? 你的态度就好吗? 你让我在朋友面前丢尽了面子，就别想我给你好脸色。""你难道就感觉不到老师这样也是为了你好吗?""整天把'为了我好'挂在嘴边，一有事就像吃了'炸药'一样，不觉得自己很惹人讨厌吗?"此刻,我感到血往头上涌:"我为你付出了那么多,你这样的学生就是'白眼狼',留着你还有什么用?""好吧,我退学,你厉害,你赢了。"小培离开的那一刻,我的内心有说不出来的滋味,我竟庆幸终于不用再面对这个让我每天都头疼的学生了,但同时我又有种深深的挫败感。

几天后,小培的父亲带着小培回来办理退学手续。那是一个冬日的下午,小培父亲在忙着填表格,小培站在窗口望着校园,一缕夕阳照在小培的脸上,他平静中似乎带着些许的无奈和不舍。小培父亲红着眼睛,一个劲儿地和我说抱歉,看到小培和他父亲远去的背影,我似乎才意识到,教育是要赢得学生,而不是赢了学生!

小培的退学是我教育生涯中的一个失败案例,虽然很多年过去了,小培父亲的那句抱歉仍刻在我的内心深处。其实,该说抱歉的人是我,如果当年我和小培的沟通能讲求一点儿说话艺术;如果我处理事情的方式能不那么意气用事;如果我能够在平时的教育中贴近小培的生活,走进小培的内心,注重和他的情感交流,注重对他进行个性化的教育,让他能够喜欢班级、喜欢学校,喜欢我这个班主任,结果可能就不是这个样子了。现在的我唯有带着这份愧疚,去鞭策自己,勤于学习班主任的工作艺术,做一个有仁爱之心的好老师,用有艺术性的爱去培育学生,通过真情、真心、真诚拉近与学生的距离,让我的教育生涯不再留遗憾。

[点评]

班主任对学生都有很高的期望,每当学生犯错误时,总会有一种"恨铁不成钢"的心态。沟通的过程中,却忘了讲求语言的沟通艺术,最后导致不欢而散。有这样一句话:"当你劝告别人时,若不顾及别人的自尊心,那么再好的言语都没有用。"本案例虽然是一个班主任教育学生失败的案例,但我们也看到了这位班主任的反思,这值得其他老师思考并引以为戒。

搭建草根舞台　绽放青春力量

李慧文

自信是对自身力量的确信，深信自己一定能做成某件事，达到所追求的目标。爱默生说过："自信是成功的第一要素。"人越自信，意志力越强，越不怕困难和失败；人越自信，就越能激发潜能，做事成功的概率就越高。缺失自信可能带来很多消极的思想和行为，有碍一个人通向成功。可见，自信对于我们每个人是多么重要，然而很多中职学生是缺乏自信的，因此，如何帮助学生提升自信心是我们中职班主任必须解决的重要课题。

一年一度的文艺汇演即将到来，这是我班学生第一次参加学校的大型活动。我站在讲台，激情澎湃地做着动员工作："同学们，珠宝专业的同学向来多才多艺，这次的文艺汇演，我期待看到你们的精彩表现！主动报名的请举手！"说完教室里鸦雀无声。

"我知道我们班的同学都是各怀绝技的！相信自己，好不好？"我补充道。

"相信自己？老师您别开玩笑啦，我就是因为干啥啥不行，才来中职学校的！"小嘉说。

"是呀是呀，老师，别白忙活了，从小到大，我都没上过台。""我们能搞出什么名堂？""我们不可能做得好的。"

教室里发出一片嘈杂的声音，其间充斥着各种自我怀疑……

一、案例分析

学生有这种反应，根源在于他们的自我效能感低，产生此问题的原因既有主观因素，也有客观因素。

（一）主观因素

一是过往经历的影响。学生在以往的个体直接经验中，遇到的挫折较多，缺乏成功体验，对自身的能力评价较低，丧失个体信心。

二是归因方式不合理。根据归因理论，学生对成败的认知会对自我效能感产生影响。我们根据电访及师生谈话了解到学生偏向于将失败归于自身能力不足，从而对自我产生怀疑，削弱追逐成功的内驱力。

（二）客观因素

一是社会对中职生存在偏见。社会对中职生存在着"无前途""低人一等"的错误观念。学生因认知水平有限，无法分辨对错，会对此类观点全盘接受从而产生消极心理，并对未知事物持畏难心理。

二是学校的大部分活动以选拔类、竞赛类为主，起点高、容量小、普适性弱，导致学生展示自我的平台相对不足。

二、策略与方法

中职生正处于自我意识强烈的心理发展时期，对传统说教式、训导式教育尤为抵触。如何发挥他们的主动性，让他们通过亲身体验来提升自我效能感呢？

中央电视台有一档节目叫"星光大道"，云集了拥有不同才华的普通人。根据加德纳的多元智能理论，每个人都有自己擅长的领域。受此启发，我决定也在班级搭建一个类似的舞台。

（一）粗凿璞玉——搭台子，愿展其才

我召开班干部会议，表达了希望通过搭建一个平台，让每位同学都能拥有出彩的机会，这一想法得到了班干部的赞同。因为这个舞台旨在全员参与、门槛低、包容性强，班长小廖提议起名为"草根舞台秀"。

让学生愿意大胆地站上舞台展示，这是第一步。我通过查阅学生档案，向家长了解学生特长，并与每一位学生深入沟通，掌握了他们的兴趣、爱好、特长等一手资料。

接下来，我按照学生的自我开放度进行分类，并在每一类群体中动员一两名学生参加首期的"草根舞台秀"。

首期"草根舞台秀"活动虽然质量并不高，但是活动结束后，我对第一次站上舞台的学生给予了充分的肯定，表扬他们愿意大胆尝试的勇气，并在班级营造了尊重、互助的团体氛围。

慢慢地，越来越多的学生愿意尝试，走上"草根舞台"展示才艺。

（二）细琢美玉——架梯子，会展其才

当学生愿意登上舞台后，我开始推进第二项计划：提升舞台秀质量，让学生懂得展示才华。

每次舞台秀结束，我都会召集参与的同学复盘，总结得失。根据罗森塔尔效应，对学生寄予期望和积极反馈时，学生会往更好的结果发展。所以，我大力表扬那些在舞台秀上表现优异的学生，将每期的舞台秀精彩片段做成小视频，通过班级公众号推送，扩大影响力。

随着影响面的扩大，同学们开始在意自己的表现，重视节目的质量。我也尽全力提供帮助，在学生需要时，联系音乐、舞蹈、语文等科目的老师为他们的节目提供指导。

（三）精雕灵玉——树牌子，乐展其才

一个学年结束后，"草根舞台秀"涌现出越来越多的才艺能手，他们不再畏惧舞台，而是乐在其中。在学校文艺汇演中，我们班全员参与，表演的舞台剧《我们都是追梦人》勇夺全校第一名，极大地提升了学生的自信心和成就感。

我鼓励学生参加舞蹈队、合唱队、礼仪队、戏剧社等社团，在更大的舞台学习、精进。上学期，在学校与当地某著名园林联合举办的创意文化珠宝展活动开幕式上，我班小淇等 10 位学生在主持、走秀、舞蹈等节目中承担重要角色。他们乐于接受挑战，出色完成了任务，受到合作单位及观众的一致好评。

"草根舞台秀"产生了积极的效果：学生的主动性变强了，笑容变多

了，班风和班级凝聚力实现了质的飞跃。学校更是提议将"草根舞台秀"升级为校级活动，让更多的学生像我们班的学生一般激发潜能，爆发生命活力，成为一颗独一无二的灵玉。

经过粗凿璞玉、细琢美玉和精雕灵玉（见图1）这三个阶段后，学生逐渐展现自我，自信心增强。

树牌子，乐展其才

搭台子，愿展其才

架梯子，会展其才

图1 "琢玉"策略

[点评]

提升学生自我效能感，需要遵循学生身心成长规律，发挥学生的主观能动性。在"琢玉"育人理念的指导下，李老师通过粗凿璞玉、细琢美玉、精雕灵玉三个层层递进的路径，为学生搭台子、架梯子、树牌子，使学生从愿展其才到会展其才再到乐展其才，提升了自信心，增强了自我效能感。

巧用"加减乘除"法，助推班级管理精细化

晏美凤

《国家中长期教育改革和发展规划纲要（2010—2020 年)》指出："要以学生为主体，以教师为主导，充分发挥学生的主动性。"班级精细化管理是践行学生自主管理的管理模式，也是班级整体管理模式的重要变革。班级精细化管理不仅是对班级管理的精细化，也是对学生思想及日常行为的精细化。学生人人有事做，事事有人做，对班主任来说，班级精细化管理不仅提高了班级管理效率，更重要的是提升了学生的自我管理能力。

周三一大早，还没到教室，我就看到了一脸苦相的卫生委员站在楼梯口等我："老师，今天的值日生到现在还没值日，我催促了几遍都没人理，还说'别找我'。"我心想："值日分工已经安排得很详细了，竟然还有人不打扫卫生。"仔细想想，出现这种情况已经不是第一次了，不久前出操集会也有个别"漏网之鱼"，科任老师也反映上课有交头接耳、讲闲话的学生，提醒后并没有好转迹象。

一、原因分析

部分学生从小娇生惯养，责任担当意识薄弱，根据案例中的情境描述，将原因归纳为以下几点：

一是学生思想原因。部分学生重得失，同学之间包容心不足，心中有规则意识，但缺乏集体意识及大局观。

二是同伴原因。青少年时期的同伴的影响显得尤为重要，同学间存在从众心理，担当意识有待加强。当有个别同学不认真打扫卫生，受从众心理影响，会有人跟随，从而使班级不打扫卫生的行为扩散。

三是班级管理原因。班级虽然实行了精细化管理，但安排不够科学合理，缺乏明确的奖惩机制，执行和监管力度不够，班级管理开始出现"破窗效应"，精细化管理流于形式。

四是家庭环境原因。班级里大多学生是独生子女，在成长过程中，由于父母等长辈的偏爱和宠溺，习惯被动接受，不愿主动付出。

二、具体做法

1. 制度合理，理念内化——在思想、管理上做加法

结合目前存在的问题，在之前精细化制度的基础上，我在班会课上组织同学对班级分工进行讨论，制定更为合理的精细化安排，卫生由每日一轮改为每周一轮，避免当天值日生之间出现相互推诿的现象。实行"由卫生委员＋第三方小组"进行卫生评价及监督机制，对一周值日全 A 的个人进行插旗表彰，并选出代表在下一周的班会课上分享经验。学生享受到了良好的班级环境带来的愉悦感，习惯成自然，慢慢从思想上认可并认真履行岗位职责。

2. 减次留主，锁定核心——在工作主次上做减法

班级管理中，如果全面铺开一起抓，可能会导致事事都无法做到精细。我将本学期的工作进行计划和归类，实行月月有主题，日日有要求，事事有标准。例如，按卫生月、纪律月、早读月、出操月等每月精细抓一项工作，能够精准发现问题，精确打击问题，达到精心解决问题的目的。在这种有针对性的精细化要求下，学生的做事态度和方式也越来越精细化。

3. 借助力量，事半功倍——在实施过程上做乘法

群体规范是群体建立的普遍认同的行为标准与准则，正面的规范会使学生产生积极的从众行为。我借助班级特色活动"精工访谈"栏目，邀请优秀班级的班干部走进班级，分享班级管理经验。优秀班干部队伍实行竞岗聘任制，大家投票选出一支有正气、有责任、有担当、肯付出的班干部队伍，并颁发聘书，树立和强化班干部的责任意识。对班干部进行详细的岗位职责分工，每月由班主任、科任老师及全班同学进行评价。每个班干

部负责不同的小组，严格监管违纪情况，及时提醒、及时改正，充分发挥班干部朋辈的作用，引导更多的学生自觉养成良好的行为习惯，主动承担班级责任。

4. 知责于心、履责于行——在岗位分工上做除法

班级分工实行"人人有事做，事事有人做"。通过"劳有所获"的班级特色活动，让班级的每一扇窗子、每一扇窗帘、每一台空调都有它的"主人"，责任细化落实到每个人。这增强了学生在集体中的参与度，也培养学生的责任担当意识。我采用"积分存折"的形式来记录学生岗位履行情况，作为月末"抽奖"和期末评优的依据。

根据心理学中的标签效应，正面标签能使人转向阳光的一面，朝着更积极的方向发展，只要发现学生良好的行为，我便及时给学生贴上"正面标签"，颁发精英徽章，让学生体会良好的行为习惯给自身提供的良好的情绪价值，增强学生的自我认同感。

三、主要成果

利用"加减乘除"法推进精细化管理以后，班级的班风、学风得到了显著改善，日常班风分明显提高（见图1）。

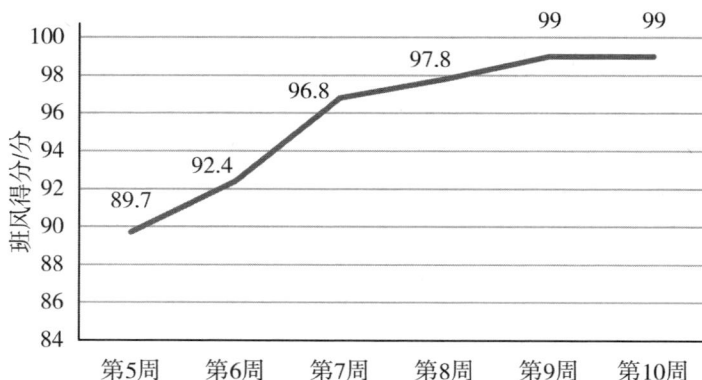

图1　精细化管理后班级班风得分情况

四、特色亮点

结合以"精"为核心的建班育人理念，坚持以学生为中心，在班级管理方面巧用"加减乘除"法助推精细化管理模式，在学生的思想、管理上做加法，在工作主次上做减法，在实施过程上做乘法，在岗位分工上做除法，实现班级的精细化管理，达到立德树人的目的。

借助班级特色活动，达到促进班级和谐发展的效果。以"精工访谈""劳有所获"等班级特色活动为载体，充分发挥活动育人的优势，推动班级稳步前进。

〔点评〕

习近平总书记反复提及"致广大而尽精微"，告诫广大群众既要登高望远、胸怀大局，又要落细落实、积微成著。作为中职院校班主任，晏老师深刻理解这句话的含义，在建班育人过程中，既做到了"致广大"，又做到了"尽精微"，更好地服务模具专业学生的发展和成长。

心"零"的距离

区颖勤

2014年9月9日，习近平总书记在北京师范大学师生代表座谈会上提出：做好老师，要有理想信念、有道德情操、有扎实学识、有仁爱之心。教师只有热爱学生，才能打开学生的心扉，学生才会向你倾吐心里话，教育才能成功。教师关爱学生是一门学问，只有真诚相待，才能走进学生心里，只有以真我的状态与学生建立关系，才能取得良好的教育效果。

作为一名数控专业理工科班主任，我已经习惯了面对冷冰冰的机器和全是男生的班级。三年前接手2018级三二分段贯通班时，班里竟招录了三名女生。我们班是中高职贯通班，学生都比较自觉，我带起来也非常省心。三名女生的学习成绩和班级管理能力都很优秀，我对她们视若珍宝并委以重任，小佳是其中各方面表现最优秀的，因此我任命她为班长。小佳并未让我失望，班级管理事无巨细，工作十分到位。她成绩优异，所有考试都是班级第一，被评为学校"十佳学生"。班级管理一切顺利，这学期同学们前往企业实习，我更是松了一口气。然而，事情却在这时发生了重大的转变。

4月，小佳妈妈发来信息，称她因手术生活无法自理，需要小佳请假一周到医院陪护。我按照工厂要求给小佳办好了请假手续。一周结束，小佳妈妈又发来信息，说小佳爸爸不幸病逝，小佳需回老家奔丧，再请一周假。真是屋漏偏逢连夜雨，小佳妈妈仍卧病在床，小佳却要独自去面对这一切。我赶紧分别电话联系小佳妈妈与小佳，安抚她们节哀顺变。一周丧假未结束，那天是周四晚上九点多，小佳给我发微信说："老师，我已到宿舍，明天上班。"第二天早上八点多，我就接到小佳带着哭腔的电话：

"老师，我手指割伤了，缝了七针。"我感到晴天霹雳，这个小女孩到底做错了什么，上天竟如此折磨她！"你在哪里？我马上过来！"我赶到医院找到正在输液的她。刚才缝针的时候她没哭，见到我却哭了。通过交谈，我感受到她还没释怀，就让她多休息两天。我又联系心理老师介入，对小佳的心理情况进行评估及心理疏导。后来的十多天，我每天都陪着小佳去医院换药，让她感受温暖。她告诉我："那天我就是走了一下神，扯胶带时边上的小刀片就把小拇指割到了。"因为同一周离她而去的不仅是她爸爸，还有她大伯。原来家里有厂有房有车，但现在已经全部变卖，只剩下她妈妈一人带着她们三姐妹租房子住。

为了排解她的苦闷，我除了日常经常和小佳交流，还与德育部部长及学校领导沟通，向当地妇联申请援助。与此同时，我倡议学校进行募捐活动，并在团委为小佳找了一个勤工俭学的岗位。

我还和小佳妈妈沟通，让她多留意小佳的精神状况，并叮嘱小佳妈妈要告知小佳妹妹，多和姐姐交流，不要让姐姐感到孤独。

随着时间的推移，小佳手上的伤口已经痊愈，她的性格也恢复了以前的开朗，往日的笑容重新出现。但小佳手上的伤疤深深地印在我脑海中，时刻提醒着我：老师应该多了解学生的所思所想，师生心灵之间应是"零"距离。

[点评]

本文中班主任是位男老师，而学生是位女同学，有些班主任会有顾虑而避嫌，男老师不过多找女学生谈话，还会经常提醒自己要与女学生保持一定距离。如果本文中男教师不和小佳沟通，将很难发现小佳所承受的痛苦。优秀学生的背后，往往站着一个帮助与关怀她的班主任。

灰色的周记

杨海源

海灵格说过："当你只注意一个人的行为时，你没有看见他；当你关注一个人行为背后的意图时，你开始看他；当你关心一个人意图后面的需要和感受时，你看见他了。"作为班主任，往往把大部分精力放在了"调皮捣蛋"的学生身上，而忽略了那些表面很乖，似"空气"般存在的孩子，而这些孩子往往是需要我们给予更多关注的。班主任的一点发现和关爱，有可能改变一个孩子乃至一个家庭的未来。

"小斌，你为什么要用铅笔写周记呢？是不是没有笔呀，老师这里有很多，可以送给你的。"小斌搓着手，在我面前涨红了脸。我随手从抽屉里拿出几支笔塞到小斌手里，但下一周收上来的周记他依旧是用铅笔写的。我开始对小斌的周记产生了兴趣，认真地翻看他的每一篇周记："灰蒙蒙的街道看不到尽头，街边干枯的树枝不知道何时才能够发芽""我已学会坚强地伪装，不会让人看到我的忧伤""无助将我压得喘不过气来，我好想逃跑，我该逃到哪里去呢？"看完，我的心情也像他的周记内容一样，压抑无比。

直到有一天，我在一本书上看到这样的一段话："如果将精神正常比作黑色，精神不正常比作白色，那么，在白色和黑色之间存在着一个巨大的缓冲区域，就是灰色。"小斌用铅笔写的灰灰的周记本，难道是在向我诉说着他的内心？拿着他的周记本，我找到了心理老师，讲述了我平时对小斌的观察，他总是面无表情、独来独往，即使主动和他打招呼，他也是眼神躲闪，很少与人交流。心理老师建议我先和小斌聊聊，在他愿意的情况下，再让他和心理老师沟通。

在一个下午放学后，我邀请小斌陪我在校园散步，和他聊起开学后在校园的感受，小斌没有说话，还是习惯性地搓着手，但面部表情明显缓和了很多，我拍了拍小斌的肩膀说："等你想和老师说时，我会做你最忠实的听众。"沉默了一会儿，小斌说："老师，我觉得我可能真的出现问题了，我走在街上，总感觉背后有无数个声音对我指指点点，总觉得他们在嘲笑我很丑，我有时感觉很害怕。"我轻拍小斌的肩膀，告诉他："感谢你能和老师说出你的感受，说明你很信任我，老师不会辜负你的信任，我们一起想办法好不好？"

征得了小斌的同意后，我带他一起去找了心理老师，也找家长详细聊了小斌的情况。后来通过心理老师的疏导，我和家长也结合心理老师的建议，尽可能地关心小斌，多让他完成一些有成就感的事情，也找他身边的同学多带动他一起参加集体活动。一段时间后，小斌的脸上渐渐有了笑容，大家在一起说笑时，他也能积极融入。更让我感动的是，在小斌的周记本上，我看到他用黑色签字笔写着："其实，签字笔也挺好用的，谢谢您，老师！"

我很庆幸我及时发现了小斌的异常，看到了小斌向我暗示的心理诉求。通过这件事，我也深深地意识到，作为一名班主任，不能只注意事情的表面，更应该透过学生的微表情去走近学生，助力学生成长的同时，班主任何尝没有成长呢？

[点评]

文中的班主任是位心思细腻的老师，他能从学生的周记中发现学生的异常心理，并及时给予关爱，在征求了学生的同意后寻求心理老师的帮助，联合家长、身边的同学帮助学生走出自己的"灰色区域"。

让学生的才华发光，优秀就会迎光而来

高嘉慧

习近平总书记同北京师范大学师生代表座谈时的讲话指出："好老师一定要平等对待每一个学生，尊重学生的个性，理解学生的情感，包容学生的缺点和不足，善于发现每一个学生的长处和闪光点，让所有学生都成长为有用之才。"苏霍姆林斯基说过："世界上没有才能的人是没有的。问题在于教育者要去发现每一位学生的禀赋、兴趣、爱好和特长，为他们的表现和发展提供充分的条件和正确引导。"

作为一名班主任，职位小而使命大，我们做的小决定，可能会影响一个孩子的一生，班主任要善于发现学生的闪光点。

在我心中，每个学生都是一朵花，花期或迟或早，或长或短，老师的用心灌溉与滋养会影响他们绽放的时间。

没有任何一朵花，一开始便是花

班上的陈同学性格火暴，几乎没有朋友。据班干部反映，课间陈同学会肆无忌惮地拿着备用手机戴着耳机听音乐，根据学校关于手机管理的规定，我得去找他谈话，而他的手机也暂时由我来保管。我找到了他并告知来由，陈同学虽然把手机交给了我，但眼神中充满了敌意。我深呼吸，也压抑心里的怒火，故作冷静地走开了。

第二天早上，我在其他班上课，刚下课，陈同学远远就冲着我喊了一句："老师，我的手机，能不能还给我啊？"我坚决地说："不能，根据学校规定，你的手机暂时由学校保管，直到你写了检讨书让家长签完意见才能还你。"陈同学说："我不写，我是给你面子才问你拿手机的。"听到这句话时，我心里既无奈又生气，不过我又一次压住了自己那根怒动的神经，对他说："谢谢你给我面子，马上要上课了，你先回课室去吧。"他转身就走，走的时候还不忘瞪我一眼。

用耐心呵护种子，以爱静待花开

也许陈同学的表现就是源于我们常说的逆反心理。这种心理状态在青春期学生中较为普遍，学生一旦产生逆反心理，其消极态度和厌恶情绪就会加剧，甚至与老师产生严重的对立情绪。此时的我也应该冷静下来，认真反省自己的教育方式是否符合陈同学的性格和心理特点。由于刚开学，我对陈同学的性格等各方面都不了解，我决定平静地与他谈心，进一步了解他。学校与家长的沟通也很重要，我打电话给陈同学的家长，了解了其家庭情况，才发现其家长的性格相对暴躁，也许这正是家庭的影响。

老师有时候真像医生，对待学生就得对症下药，药下错了，病情就会变得更严重。如果我们这时放弃，陈同学也许会继续违纪甚至退学。我必须给他"换药治疗"，尝试换种思维，去找找他的闪光点……

努力绽放的种子，一定会长成花

经过三周的观察，我了解到陈同学很喜欢音乐，他虽然文化课学习成绩不理想，但每次上我的音乐课都非常认真，唱歌方面也有天赋，歌曲听几次就能把歌词背下来，而且音准很好。对于这一发现，我惊喜万分，我鼓励他唱歌，给他创造表演的机会，鼓励他加入学校的合唱队，由于合唱排练的时间是在早读，陈同学连早上迟到的次数也减少了。为了让他通过唱歌树立自信心，我鼓励他积极参加学校的"十大歌手比赛"，找到自己发光发亮的平台。演唱得到同学们的掌声后，陈同学渐渐露出腼腆的笑容。由于学校"十大歌手比赛"有拉票的环节，我让陈同学试着谦虚地与同学们交流拉票，起初他觉得尴尬，勇敢地迈出第一步后却收获了良好的效果，班上的同学渐渐地也愿意跟他交流了。陈同学的歌唱能力得到班上同学的认可，同学们还推荐他为班里的文娱委员。

由于以往的学习成绩不太理想，陈同学从小就丧失自信心，经常受到家长、老师批评以及同学的疏远，潜移默化中他便认为自己一无是处，因此想通过违纪等行为来"武装"自己。对待学生的逆反心理，作为班主任必须认真、冷静地分析。由于心理发育特征，学生产生逆反心理是正常现象，我们不必大惊小怪，更不能强行压制或放弃教育。我们作为班主任应努力采取符合学生心理特点的教育方式，在日常生活中尝试寻找他们的闪光点，让有才华的人有用武之地。

苏格拉底曾经说过："每个人身上都有太阳，主要是如何让它发光。"班主任要善于发现学生的闪光点，并给予积极引导。学生作为发展中的个体，固然存在不足，老师应该给每个学生信任的目光、鼓励的话语，也许你的一个眼神、一段话语就能让学生散发璀璨的光芒。

〔点评〕

无论老师还是学生都有一个成长的过程，我们从一无所知到掌握知识，从掌握知识到拥有智慧，成长让我们变成一朵"花"。老师与学生相互灌溉相互滋养，老师传授学生知识和技能，学生也帮助老师反思与成长。

以真心走进学生家庭，以春风培育学生心灵

郑晓娥

苏霍姆林斯基说过："教育幸福的密码就藏在于家庭与学校共育当中。"家访就是将家庭与学校两股力量凝聚在一起的黏合剂。好的教育离不开家校共育，通过家校共育，家长和老师能彼此理解，相互配合；家长和老师平等交流，培养良好的互动，可以让家长更好地知晓孩子在学校各方面的情况，也可以让家长愿意主动告知孩子在家里的情况。没有家庭教育的学校教育和没有学校教育的家庭教育都不可能完成培养人这一极其细致和复杂的任务。对于亲子关系紧张的家庭，通过教师温暖有效的家访，能将家长和孩子的心拢在一起，更有利于孩子的健康成长。

随着沟通方式的渠道增多以及学生招生范围的扩大，近年来上门家访次数相对减少了。2020年新冠疫情之后，学生的一些新问题开始出现，主抓学校德育工作的黎校长要求我们班主任联合科任老师共同完成100%的上门家访任务，与家长和学生进行一次有效沟通。老实说，刚接到的任务那刻，心里是有畏难情绪的，期末工作本来就繁杂，本班学生来自乐从、均安、龙江、勒流、容桂、大良和伦教7个镇街，其中23人住宿。我一直认为学生不在家或者家长不在家，教师上门家访都是无效的，因此只能利用周末时间分区行动。

上门家访前，我利用"问卷星"确定了学生和家长同时在家的时间，安排好班干部协助就出发了。

通过这一轮的家访，我深刻体会到，作为教师，我们要真诚地指导家长，家长和教师相互学习，相互信任，相互合作，结成一个家庭、学校的

教育同盟，那么我们的教育会取得更大的合力。下面就谈谈本人家访中的几个小故事。

坐在一张沙发上，我们就是一家人

家宝，入学成绩最后一名，凭着一股不服输的劲儿，他目前成绩位居前十。刚到他们家的时候，家宝妈妈抱着不肯穿鞋的弟弟二宝，跟我一起坐在客厅的一张长沙发上。家长、班主任、学生共处一室，促膝谈心，真的就像一家人在唠嗑。如果不是上门家访，我不会知道这位17岁的哥哥会耐心地帮3岁的弟弟洗澡，也不会知道自己学生的每一点进步，都会给家长带来触动，更不会知道自己在家长群中发过的每一张表扬学生的图片，都被家长默默保存下来。曾有家长在家长群里表示，周末班主任还要到处上门家访，太辛苦了，我回复"就当是串门走亲戚"。随着年岁的增长，自己已经比班级大多数学生的家长年长，和学生家长像朋友、像亲戚一样相处时，处理学生问题家长都会特别配合。我和家长相互交流各方面的信息，沟通感情，既使家长了解了学生在校各方面的表现和学校对学生的要求，又使我了解了学生家庭中各方面的情况及学生在家里的表现，并且与学生家长共同研究，在教育学生的内容和方法等方面达成一致意见。

走进学生家庭，走进学生心灵

苏霍姆林斯基曾说过："学校里的学习不是毫无热情地把知识从一个头脑装进另一个头脑里，而是师生之间每时每刻都在进行的心灵的接触。"对于中职生来说，成人比成才更为重要。而其中我们要更多地关心他们的心理状况，通过家访我们能更好地了解学生的生活状况和身心健康状态，知道其处事原则与底线，知晓他们最看重的东西，关心他们的精神生活。特别是在学生遇到困难的时候，如果得到自己信任的班主任的关爱，他们会鼓足勇气，振奋精神，这样他们能更好地投入学习和生活中。

关爱不一定对每个学生都有用，但是总比不闻不问强。阿华，班上一个活泼开朗的孩子，有一天在实训课上，他被一位从对面楼跑进来的高年级学生打了一巴掌，我跑上五楼看到他的时候，他圆睁的双目呈放空状态、双唇紧闭微微发抖、两手拳头紧握，这与素日里在各种场合主持各类型活动的他大相径庭。那天正好是周五，担心他与起冲突的学生再起事端，我与家长联系好，"护送"他回妈妈的美发店。

阿华的妈妈由于职业关系，发型新潮、衣着时尚，在妈妈面前，他放松了下来，告诉了我们事情的经过。实训课休息的时候，班级同学与对面楼一位熟悉的师兄用"男人"的手势打招呼，阿华走过来觉得好玩也跟着做了同样的动作，对面楼的师兄误认为是在辱骂他的母亲，就冲过来打了他一巴掌。在阿华描述事情的过程中，妈妈红了眼圈，她细心交代阿华让他出去买点儿东西。随后，她跟我讲起这些年来自己一个人带着儿子的经历，让我明白了孩子为什么会出现这样的行为。相依为命的母子俩关系很好，妈妈也很信任儿子。在后来的班级管理中，阿华有担当的责任心和演讲的口才得到充分展示和体现，他成为我们学校"五四颁奖盛典"的主持人，获得了广东省文明风采奖。

有时候，班主任担心去学生家里会干涉他们的隐私，也许他们并不想班主任知道太多（必须承认有这样的情况），但是经过一次家访，我们就能明白学生以往的一些不明之举，接下来的师生互动会更加有效。

通过家访，班主任能够发现很多现象的根源，能够知道很多在学校无法知晓的信息，能够真实拉近与家长和学生的距离，良好的家访能够解决很多问题，取得较好的教育效果，有助于家庭教育和学校教育保持一致，帮助班主任改进教育工作。我们职业学校是以培养职业人才为方向的，提高全体学生的职业素养，要靠学校、家庭、社会的共同努力，作为班主任要十分重视家庭教育这块阵地。通过家访，获悉学生的整体情况，并且向家长介绍学生在校的学习和思想状况，得到家长的配合与支持，使教育"知根知底"，更具实效性。

[点评]

　　根据工信部最新统计，微信逐渐成为教师与学生家长最常见的沟通方式。有个别教师明确表示，"家访没有必要"，现在家长很忙，教师也很忙，而且有的家长私人空间意识强，不希望被打扰。但是，大多数教师认为还是应该坚持传统家访。如果文中的郑老师不坚持家访，只是与家长利用微信联系，没有经过面对面的交流，很难发现学生在学校的表现的缘由，也很难与家长加深感情。家访可以消除误解，增强信任，交流信息，增进了解，使家长、学生、教师三者互相学习、共同提高。

"信任"让我成为值得学生托付的人

郭　俊

苏霍姆林斯基在《给教师的建议》中，第八十六条这样写道："教师对学生力量的信心表现在哪里呢？我们的工作的辩证法告诉我们，教师永远也不会遇到这样的时刻的到来，使他有权利说：由于我尽了自己的努力和操劳，这个学生已经达到极限。"

苏霍姆林斯基要表达的是对学生的一种绝对信任，是一种理想中的信任，也可以称作信念。作为一名班主任，要给予学生更多的关注，相信"相信的力量"。

班里有个女孩子，大家都叫她"莹哥"，她平时大大咧咧，好似没心没肺一样，可这学期有段时间总沉着一张脸。我没有直接找她谈话，而是比平时更关心她，在 QQ 上也会找她闲聊。她感受到我的暗示，有一天给我留了张纸条："老师，我很不开心，能不能找您聊聊？"

她说话的时候含着眼泪看着远方，我知道了她是家里的老幺，是极度重男轻女的父母为了生男孩而诞下的最后一个孩子。她说这话的时候苦笑了一声："老师，您不会相信现在这个年代还有这样的事吧？我父母真厉害！"

这个孩子并不像她外表那般开朗，她说她常常躲在被窝里哭泣，整夜都睡不好觉，有时甚至想放弃自己的生命。我问她不开心的原因，可孩子怎么也不愿意说。我体会到她内心的纠结，这个年纪的孩子非常敏感，她是家庭中最不受重视的那个，所以内心缺乏安全感。

她跟我聊了一下午，总是说自己苦恼，却不肯说明原因。我推心置腹地跟她说了自己的想法，告诉她不要陷于现在一时的苦恼，我像她这么大的时候也以为自己经历的是世上最悲惨的生活，但慢慢长大了才知道那时的想法不过是庸人自扰。

等情绪稍稍缓和后，她向我提出第二天要请假，但是请我不要告诉她的父母。我说这不合乎规矩，但是出于对她的信任，我决定破例一次，让她收拾好自己的心情。那时候，我看到了她眼睛里闪动的光。

后来我们又陆陆续续谈了几次话，内容越来越深入，但我从来不会主动去探索她内心的秘密，随着对我的信任加深，她才慢慢地把自己的苦恼说了出来：家人的忽视、意外的爱情和失恋、同学之间的小矛盾……这些成年人可以处理得很好的事在一个少女的心目中却是差点让她放弃自己的重大事件。她对我说，跟我的谈话中她放下了防备，学会了信任。

后来，我问她能不能做卫生委员，帮我管管班里最难管的课室卫生，她二话不说就答应了。她遇到了不少麻烦和阻力，但她跟我诉苦完毕后总会加上一句："老师，您放心，我绝对不会不干的，我知道您信任我，我一定不会辜负您的信任……"

这一学年以来，我跟124班的孩子们渐渐变成了亦师亦友的关系，孩子们乐于跟我开玩笑，但也很给我面子，遇到让我为难的事情他们都会尽力配合。这学期升学班考试，很多孩子在我动员了以后却仍不肯报名，问他们原因，得到的答案是"还想您继续做我们班主任，因为只有您会帮我们'背黑锅'……"什么叫"背黑锅"？某次一位优秀班主任在演讲中提到"值得托付后背的人"，"背黑锅"的人或许是指非常值得信任的人。我想，我也算得上是这帮孩子值得托付的人吧？

[点评]

郭老师秉持着对学生的信任，相信他们现在无论处于何种状态，今后必将得到深度发展。但绝对信任不代表无条件的纵容，用干国祥老师的话来说，即"对灵魂无限信任，对错误零度宽容"，这样在班级管理中才不会走偏。要坚定相信每一个生命都能够在岁月中获得深刻的发展，一个不被信任的孩子，未来的道路也将充满障碍。

真善美的小世界

罗淑影

著名教育家乌申斯基说："在教育中一切都应当以教育者的人格为基础，因为只有人格才能影响人格，只有人格才能形成人格。"作为班主任，如何用自己的人格影响学生？除了要真诚地对待每一位学生，让学生感受温暖，与学生分享喜悦外，还要善于抓住教育契机，想方设法通过生活中的小事或者小举动来影响学生，让学生体会生活中的真善美，并雕琢自己，从而使其养成高洁的操行和淳朴的情感。

在很多人的眼里，职业高中的学生应该是能够自己照顾自己的了，实则不然。一次，住宿生小丽跟我说："老师，这个星期我把洗脸用的毛巾落在家里了，您明天能不能给我带一条新的过来？"我有点儿愕然，不过看着她天真的表情，不好意思拒绝，便应下。

第二天，办公室只有我和她，我递给她毛巾，问道："平时在家干家务活吗？""很少，都是妈妈干的。"她说。经过深入交谈，我得知她每个星期从家里回校前，都是妈妈帮忙收拾的生活用品，上周妈妈刚好没空，她就落下了毛巾。平时她跟舍友的关系也不够融洽，因为舍友都觉得她不爱干净。我说："你现在是高中生了，选择住校真的是一件好事，可以锻炼自己的独立能力。这样，老师交给你一项任务，学校对面有个超市，生活用品可以自己选择，你去选一些，如果钱不够，可以向老师借，好吗？"

当天晚上我和她妈妈通了电话，希望她可以让小丽学会独立。虽然小丽的妈妈是一位很能干的母亲，无微不至地照顾小丽，但这也使得小丽没有自主生活的能力。

第二天，我又找到小丽，问："你将来想不想成为像你妈妈一样能干的人呢?"她小声地说:"想……"我接着说:"很好啊!那你从现在开始在学校就必须学会照顾自己,周末回家帮忙做些力所能及的家务活。我已经叮嘱你妈妈下次不能再帮你收拾东西了,自己的事情自己做,忘带东西自己去买,可以吗?"她羞涩地点了点头。从这以后,我尽量将班上的琐事安排她做,设置一些有难度的问题给她解决,以培养她的独立与自信心。一年过去,她的性格明显开朗了,跟舍友的关系也变融洽了,周末能够独自骑车回家了。有一天,小丽的妈妈打电话给我:"谢谢您,老师,是您让我女儿学会了独立,现在她经常帮我做家务,还常说我是最辛苦的!"

作为班主任,我认为所有美好事情的发生都离不开学生高尚品德的养成。良好的人格魅力伴随他们一生。我非常感谢我的父母与我的老师,如今身为人师,我既是学习者,也是这种理念的传承者。

我将小丽的经历整理成一堂精彩的主题班会课,教育同学们懂得照顾自己和别人一并说明了同学间要互助互爱,说话要讲究语言艺术,发生矛盾要懂得控制自己的情绪,做情绪的主人,为自己的人生负责。

真善美是我们教育工作者的培养目标与追求,无论社会怎么发展,教育初心不能变,我们要做好学生的领路人。

[点评]

人们都说,在职业学校当班主任是最劳心、劳力的,工作琐碎,方式方法稍有不当就会造成学生和家长的误解。不过,从罗老师身上,我们看到了事物的两面性。其实,在职业学校当班主任也是非常有成就感的,只要班主任真付出、善思考,让学生感受到温暖,学生会心存感激之情。做一个有温度的班主任,就要让教育理念不仅影响这一代,还要让学生将其传承到他们的下一代。

"飞女"变"气质女"

陈伟娇

　　高尔基曾经说过："谁爱孩子，孩子就爱谁，只有爱孩子的人，才能教育好孩子。"学生在成长过程中都会存在这样或那样的问题，我们班主任应给予他们更多的爱，走进他们的内心，这样孩子才会健康成长。

　　开学的第一天，一个打扮新潮的女孩让我和其他同学都惊呆了，黄黄的蓬松的头发，耳朵上戴着几颗闪闪的耳钻，指甲涂得红红的，若不是她穿着校服，我会认为她走错教室了。我毫不客气地说："回去整改好仪容仪表，否则我们班不欢迎你！"她头一甩，离开了课室。

　　课后，班上一个女生告诉我，她是职校的"大姐大"，和几个男同学称兄道弟，还学抽烟。更气的是第二天，家长打电话来说她生病了要请假。第三天，依然请假。我按捺不住了，赶紧家访。

　　来到她家，天啊——窄小的屋子里堆满了东西，好不容易清理出一张椅子给我坐，她妈妈跟我讲述，孩子10岁的时候父亲去世，受到别的同学冷落，性格开始变犟，只要不顺心就想方设法和他人作对。但如果你对她好，她会加倍对你好。因此，她喜欢用张扬的外表来掩饰自己内心的自卑。班主任的职责、母亲般的痛心占据了我的内心，我心想一定要帮助这个女孩。

　　我把女孩叫了出来，我知道她没有生病，但我没有批评她，而是说："走，我带你去逛街。"她怯怯地跟在我后面，我带她去了商场，走进珠宝首饰店，我指着那些玉坠问她："漂亮吗？"她点点头。"那你知道，玉石本来就是一颗不起眼的石头，是经过加工工人的精雕细琢才成为美玉的，"我又指指营销员，"她们打扮得怎么样？""很时尚，大方得体。"她流露出羡慕的目光说道。我拉着她的手，看着她的眼睛，肯定地对她说："你也可以成为这样的女孩！"她看着我，垂了下头。我是个行动主义者，马上买了一瓶洗甲油，把她那涂得血红的指甲清理干净，又带着她去了理发店，她的头发染黑了，变直了，束起高高的马尾，衬着她高挑的身材，显得青春靓丽。连发型师也说："青春就是好！"她站在镜子前转了几圈，不敢相信自己也可以这样有气质。第二天，她来学校了，成了我的科代表，也成了我的贴身助手。

在校运会，我鼓励她参加两个项目，她自愿报了200米和800米赛跑。我在班上经常表扬她，在比赛时，她在全班的鼓励下，完成了两项比赛，800米赛跑还获得第三名的好成绩，她也很自豪。在4×100米接力赛中，她还自愿组织其他同学完成集体项目。在这次活动中，她的勇敢和坚强感动了班上其他同学，让大家刮目相看。

〔点评〕

班主任要走进孩子的内心，分析他们成长的经历，给他们正能量，付出更多的爱心和耐心，慢慢引导孩子走出童年留下的阴影，用有温度的教育疗愈学生在成长过程中受到的心灵创伤。

幸福三人行

周　卓

一个在心底把父亲划入"死亡名单"的男孩，他的心里充满了什么样的怨恨和伤痛？背负着如此沉重的情感，他如何能阳光、快乐？作为班主任，我有责任引导小 J 走出阴暗、拥抱阳光。

当今离异家庭越来越多，当一个家庭解体后，受影响的不仅是婚姻双方当事人，还有无辜的孩子。学生家庭内部的问题，我们本可以不予理会，但我们不能漠视家庭变故给学生的学习和成长带来的负面影响。任何一个有责任感的班主任，都会尽力做好离异家庭学生的思想工作。

那是 2010 年 7 月，在注册登记学生信息时，我发现小 J 只登记了母亲的姓名，父亲一栏中，赫然写着"已故"两个冰冷的大字。我不禁多看了这个染着黄发的男孩两眼，心里感叹：可怜的孩子。开学后，我私下里关注着小 J，发现他在校的行为表现尚可，只是经常眉头紧锁，而且几乎不与其他同学来往，像个"独行侠"。正计划上门家访的时候，我接到了一个来自香港的电话，一个男性向我表明身份说他是小 J 的父亲，并仔细地询问小 J 的在校情况。我很惊讶，这到底是怎么了？课间，我找到小 J，悄悄地对他说："我今天接到一个香港的电话……"话还未说完，小 J 冷冷地看着我说："老师，对不起，我不认识香港人。"

因此，我电话联系了小 J 的母亲，预约周末去家访。通过小 J 母亲的讲述我才知道，小 J 的父亲并没有去世，只是 6 年前也就是在小 J 10 岁时，父亲导致了小 J 的父母婚姻破裂。离婚之后，小 J 的父亲去了香港，按月支付抚养费成为这个本应是家庭重要成员的男人与小 J 和他母亲唯一的联系方式。

我顿时理解了小 J 的冷漠，一个在心底把父亲划入"死亡名单"的男孩，他的心里充满了什么样的怨恨和伤痛？背负着如此沉重的情感，他如何能阳光、快乐？作为班主任，我有责任引导小 J 走出阴暗、拥抱阳光。所以，我跟小 J 的母亲商量好，我们要守望相助、共同发力。

于是那段时间的周末，我频繁地出现在小 J 的家里。小 J 和我越来越熟络，称呼也从当初冰冷的"老师"改为现在亲切的"卓姐"。那天，小 J 提议包饺子，我和他母亲积极响应。一番忙碌过后，我们仨围坐在桌子旁，一边开心地聊天，一边包饺子。小 J 看上去心情极佳，话也多了不少，我装作不经意地问道："小 J，愿意跟卓姐谈谈你的父亲吗？"小 J 迟疑地看了母亲一眼，虽然看到母亲脸上鼓励的微笑，但还是沉默了。我想，欲速则不达，不能勉强孩子说不愿意提起的事情，于是，我们换了一个话题，继续边包边聊起来。

等到吃饺子的时候，小 J 突然开口了："卓姐，我……我不知道怎样面对他。小时候，他常常把我放在他的肩头，我觉得那是最酷的高度，我可以看到全世界。但是后来，他为了别的女人抛弃了我和妈妈，我恨他，我情愿他是死了。这样，我心里会舒服一点儿。"说到这里，小 J 和母亲都流泪了。我问小 J 的母亲："您还恨他吗？"母亲说："这么多年了，早就不恨了。唉……"我说："您很大度，对有愧于自己的人都可以那么宽容，这是一种胸襟，这种心态会让我们即使身处逆境，也能从容面对。那么，我们可不可以更阳光一点，尝试着去感恩我们生命中出现的每一个人，感谢他们曾经给我们带来的快乐，感谢他们让我们的人生更加丰盈。"说到这里，小 J 和母亲都停止了哭泣，疑惑地看着我自言自语："感恩生命中出现的每一个人？"我肯定地说："是的，感恩生命中出现的每一个人，不管这个人曾经带给我们什么。其实，恨一个人，是一件很吃力的事情。一方面，我们其实很爱他，因为倘若没有爱，怎么会有恨？另一方面，我们又总是想起他曾经给我们带来的伤害，不得不恨他。这样的爱恨交替，折磨的只有自己。所以，释放自己吧，忘掉那些错误和伤害！如此，最大的好处不在于我们原谅了他人，而在于放过了我们自己，让我们从自怨自艾的不良情绪中走出来，以阳光的心态迎接生命的每一天。"

看得出来，小 J 的母亲很受震撼，我继续说："小 J，虽然父母离婚了，但我敢肯定，他们一定曾经真心相爱过，而你父亲，他不但给了你生命，也给了你那么多的幸福和快乐，这些值得你感恩一辈子。"小J的母亲也说："其实，他爸爸是很爱他的，当初我们离婚的时候，他最放不下的就是小J。如果小J能理解和接受爸爸，我会更开心。"

我继续说："小J，离婚受到伤害最大的其实是你的母亲，但是她都能从痛苦中走出来，你为什么要一直生活在痛苦中呢？可不可以调整一下心态，让欢声笑语回归你的生活？"

过了几个星期，小J的母亲告诉我，小J愿意接听他父亲的电话了，从开始的"嗯，啊，哦"到后来在电话中提问父亲数控车床等专业知识，父子俩的互动越来越多，也越来越亲密了。小J还表示，要考数控专业，以后跟父亲一样做一名工程师。

小J的学习基础本来就不错，加上现在目标明确，学习上干劲十足，毕业的时候如愿以偿地考上了某高职的数控专业。

2013年7月，在小J的毕业典礼上，小J的父母都来了，我为他们一家三口拍了一张全家福，照片里，每一个人都笑得那样动人。

［点评］

在当代教育中，班主任被赋予了新的角色，即精神关怀者。在这个故事中，我们能真切感受周老师对学生心灵的关怀、人格的塑造，帮助一个孩子甚至一个家庭走出阴霾，走向阳光。魏书生老师曾说，班主任要引导学生发现自己内心世界方方面面的矛盾，帮助学生把握心灵世界真善美的真谛。我们在看到小J发生转变的同时，不能忽略周老师在前期默默进行的关键工作——建设良好的师生关系，后期的睿智开导、循循善诱、团圆结局，如果没有周老师与学生的交心，一切将尽是浮云。周老师正是愿意用包容、理解、耐心、关爱去叩开学生的心门，才会收获这份真挚动人、厚积薄发的教育成果。

电竞游戏，让师生距离拉近

吴文杰

随着电子竞技运动项目的推广，中职学生对电竞游戏越发爱不释手。校园里随处可见学生们埋头玩手机，更有甚者连课堂时间都不愿放过，严重影响了教学。克服电竞游戏对学生思想的侵蚀，夺回原本属于青年学生的理应为远大理想奋斗的大好青春年华，是中职学校全体德育工作者当下最为紧要的工作内容之一。但即便学校制定严格的手机管理制度，也无法杜绝学生对手游的迷恋。更有家长反映，学生在学校没有办法使用手机，会变本加厉地在家中打游戏，获得快感。我在担任班主任工作之初也被这样的烦恼困扰，然而，通过多次深入了解学生以后，我惊奇地发现，电竞游戏其实也可以帮助班主任了解学生、管理学生、教育学生！在我所带的班级，电竞游戏已然成为师生之间最为亲切、和谐、快乐的话题之一，也成为我管理班级、了解学生的秘密武器。

2018年9月开学的第一天，我满怀信心和激情，大步迈向班级教室，凭借自己珠宝专业教师的经验，又当过几年班主任，所以没觉得上课会有多困难！当我面带微笑走上讲台，干咳了两声以示安静后，我却发现有十几位学生仍然非常投入地埋头看手机，完全没有注意到我。板着面孔的我悄悄走向离讲台最近的一位学生想要一睹究竟。果不其然，该生正在玩时下最盛行的"王者荣耀"手游。我缓慢伸出右手，令人意想不到的是，学生迅速将手机塞进书包并死死地护住课桌抽屉。空气在这一瞬间似乎都凝固了，全班学生"兴奋"地望向我们，隔岸观火。但多年的班主任工作使我养成了良好的职业行为和素养，早已摒弃传统且僵硬的说教方式。众目睽睽之下，我微笑着伸出右手，表示只是想和他握个手认识一下，告诫其要注意场合和时间。后来的数月里，我发现班级里很多学生对手机没有抵抗力，出现课堂违纪和宿舍违纪的情况，究其原因都是沉迷电竞游戏。为了详细了解学生对电竞游戏的真实看法和迷恋程度，我随后发起了一项班级问卷调查。结果触目惊心，全部学生都接触过电竞游戏，超过80%的学生手机都装有"王者荣耀"，平均每天玩的时间超过3小时。毫无疑问，学生对电竞游戏的错误认识和迷恋已经严重影响了他们的生活和学习。教育学生正确看待电竞游戏，让学生的思想回归正常生活和学习成为当务之急。一筹莫展之际，我突然想到一句古话"知己知彼，百战不殆"。与其千防万堵，不如疏导学生正确看待电竞游戏，将其核心理念与班级文化融合。

我也因为采取这样的教育方式，一下子拉近了与学生的距离。学生也非常认同融合了电竞游戏理念的班级文化，每次跑操都开心地喊出班级口号。

宿管老师反映班级几个男生不打扫卫生，喜欢玩手机。我借此机会来到男生宿舍，果然看见学生在一边吃饭一边玩手游。看到班主任，学生本能地收起了手机。可是我告诉他们自己也是电竞游戏爱好者，展示了"王者荣耀"中的段位，并且邀请大家临时组队即兴玩了一局。游戏以胜利结束后，我先感谢学生们的团结和信任，带老师顺利上分。然后才说出今天来的目的是希望学生能够像带老师打手游轻松获胜一样，团结一致地做好宿舍卫生，不要过度沉迷游戏。学生听后纷纷表示，今后一定会做好宿舍清洁工作。后来学生送了我一个绰号"王者杰哥"，这说明我已经走进学生心里了。

电竞游戏的核心理念是团结协作精神，这与班级管理目标是一致的。我利用学生之所喜所爱，将电竞游戏的核心理念进行了重点诠释，帮助学生了解该运动项目的发展。通过观看中国战队的夺冠视频，传递了电竞游戏理念。也让学生明白自己与职业电子竞技运动员之间的差距，正确认识和定位电竞游戏作为一个兴趣爱好的重要性，鼓励学生将主要精力和时间放在学习和身体锻炼上，鼓励学生从行为上开始自律。

每周班会课是班主任开展思想政治教育的主战场。我前期搜集了许多网络资源，其中就包括最受学生喜爱的中国 IG 战队的素材。在 IG 战队获得"英雄联盟"世界争霸赛冠军之际，我召开了一次"电竞展风采，中国战队奏凯歌"主题班会。学生们异常兴奋，既感受到了电竞游戏所倡导的团结协作精神，又为爱国主义精神所感动。

我也利用自身优势，开设了"电子竞技运动"社团课，曾多次率领学生战队外出参赛。借助社团活动，学生对电竞游戏的认识也变得更加理性，对其核心理念深有体会，拓宽了视野。电竞社团也多次获评学校优秀社团，深受学生欢迎。

习近平总书记在纪念五四运动 100 周年的讲话中指出，要主动走近青年、倾听青年，做青年朋友的知心人；要悉心教育青年、引导青年，做青年群众的引路人。中职学校面对的是一群学习主动性差、动手能力强、追求新鲜事物的青年学生，他们渴望得到关注和关心，班主任一定要领悟习近平总书记的重要讲话精神，多走近学生、倾听学生，做学生成长的引路人。适应学生身心成长的特点，开展富有成效的教育和引导活动，增强吸引力和感染力。结合专业特点和学生实际，充分利用各种资源进行班级管理、活动组织和思想教育。学校也可以建设各类社团和课外兴趣小组，积极开展各种有益学生身心健康的活动，充分发挥学生自我服务、自我管理、自我教育的作用。班主任不用过分害怕电竞游戏带来的麻烦。古罗马著名律师、教育家昆体良曾经主张教学中应多渗入游戏的成分，因为游戏可以提升儿童的智慧，培养儿童的道德品格，不过要注意不能让儿童过度沉迷游戏。

[点评]

在电子竞技运动和手游风靡全球的背景下，吴老师能走近学生，倾听学生，做学生的真心朋友，采取积极面对、融合教育的方法，这不但可以让学生正确地看待电竞游戏，还能够传播爱国主义教育、理想信念教育、文明礼仪教育等内容。如果能结合专业特点和学生特点，利用好学校育人氛围和社团活动，形成独特的班级文化育人环境，就能更好地完成"给学生心灵埋下真善美的种子，引导学生扣好人生第一粒扣子"的重大使命。

有温度的班级活动

重温爱国事迹　珍惜幸福生活
——主题活动设计

李萌琳

第一部分　总体思路

一、教学背景

爱国是中华儿女最自然、最朴素的情感。弘扬爱国主义要坚持从娃娃抓起，着眼固本培元、凝心铸魂；培养社会主义建设者和接班人，首先要培养学生的爱国情怀，坚持目标导向、效果导向。

当今世界正处于百年未有之大变局，中国正处于近代以来最好的发展时期。新时期爱国主义教育倡导知行合一，推动学生的爱国之情转化为实际行动，引导青少年在"拔节孕穗期"把爱国情、强国志和报国行自觉融入实现中华民族伟大复兴的奋斗之中。

二、班情分析

尽管珠宝193班的大部分学生是顺德区本地学生，但学生普遍对艺术技术比较感兴趣，对顺德当地历史文化了解相对不足。

三、教学目标

通过本次主题班会，让学生了解顺德区内的爱国主义教育基地，了解发生在身边的爱国事迹，感受中华大地上翻天覆地的巨大变化，增强学生的民族自豪感，激发其爱国热情，使其更加珍惜今天来之不易的幸福生活，为祖国的美好未来而努力拼搏。

1. 教学重点

培养学生对革命先烈的崇敬之情，让学生通过今昔对比，感受今天的幸福生活来之不易。

2. 教学难点

引导学生珍惜今天的幸福生活，用实际行动为祖国的美好明天而努力拼搏。

四、教学准备

搜集西海抗日烈士陵园、顺德区博物馆和清晖园等爱国主义教育基地资料；了解邓小平南方谈话的历史意义，学唱歌曲《春天的故事》；了解家乡顺德的发展历史。

第二部分　活动安排

一、活动时间

周一下午第七节班会课，1 课时。

二、活动地点

珠宝楼 B204 教室。

三、活动流程

（一）爱国导入

爱国主义是中华儿女最自然、最朴素的情感。对于每一个中国人来说，爱国是本分，也是职责，是心之所系、情之所归。遥想74年前的十月，无数革命先烈前赴后继，终于换来中华人民共和国的成立；74年的发展，迎来中华大地旧貌换新颜。如今，硝烟弥漫的时期早已成为过去，但我们永远不能忘记今天的幸福生活从何而来！我宣布"重温爱国事迹　珍惜幸福生活"主题班会现在开始。

（二）爱国探索

1. 顺德历史讲一讲

主持人："顺德人，顺德事——顺德历史文化陈列"是爱国主义教育基地顺德区博物馆的大型基本历史陈列，其将家乡顺德的历史发展生动立体地呈现在我们眼前。让我们跟随图片展示，在讲解员的解说中走进顺德发展的悠悠历史。

讲解员："顺德人，顺德事——顺德历史文化陈列"共分为"岁月悠悠""土沃人勤""岭南壮县""毓秀钟灵""厚俗淳风""水乡烽火"六大主题。

"岁月悠悠"主题从顺德最早有人类活动的麻祖岗遗址讲起，到明景泰三年（1452）顺德建县，介绍了千百年来的考古遗址和出土文物。"土沃人勤""岭南壮县""毓秀钟灵""厚俗淳风"等主题分别介绍顺德的农业发展、工业发展、教育发展和民间风俗。其中，"土沃人勤"讲述了顺德人因势利导，发展"蚕壮桑茂鱼肥大，塘肥基好茧丰收"的桑基鱼塘模式，将僻处南荒的洼地滩涂改造成民丰物阜的美丽家园。"岭南壮县"展现了顺德水路与经济的"水陆通衢"，展示了缫丝业、制糖业、银行业等的"百业繁兴"。"毓秀钟灵"使人印象深刻的是顺德文武四状元、两探花等文人的书画作品。"厚俗淳风"展现出顺德的人生礼仪、饮食风尚等一系列风土习俗。"水乡烽火"重点介绍了国民革命的先驱——尤列，他助力了革命思想传播和顺德解放。

设计意图：本环节以图片的形式结合讲解，拓展学生对顺德历史文化的理解。通过顺德历史文化的情景导入班会课，让学生从参观欣赏的阶段自然地进入观察、发现阶段，既形象又具体地展开新课程。

2. 西海大捷看一看

主持人："红军不怕远征难，万水千山只等闲。"豪迈的诗歌把我们带回那段惊心动魄红色记忆中，无数仁人志士抛头颅、洒热血，谱写了一曲曲动人篇章。在那段红色岁月中，在顺德西海，也发生过一场以少胜多、大快人心的抗战——西海大捷。让我们跟随镜头，走近这场沉重打击敌伪嚣张气焰、提振珠三角人民抗日信心的"西海大捷"。【播放红色记忆视频《西海大捷》】

设计意图：通过播放视频，树立榜样的力量，让学生感受顺德人民在抗日战争中的爱国精神，渲染气氛，让学生在爱国激情的历史气氛中领会本次班会课的主题，爱国是刻在顺德人民心中的红色符号。

3. 改革开放唱一唱

主持人：邓小平说"我是中国人民的儿子，我深情地爱着我的祖国和人民"。他是改革开放的总设计师，他让珠三角地区率先摆脱贫穷，他让中国走进万象更新的春天。请同学们一起学唱《春天的故事》。【播放音乐视频《春天的故事》】

一九七九年/那是一个春天/有一位老人在中国的南海边画了一个圈

神话般地崛起座座城/奇迹般地聚起座座金山

春雷啊唤醒了长城内外/春晖啊暖透了大江两岸

啊，中国/啊，中国

你迈开了气壮山河的新步伐/你迈开了气壮山河的新步伐/走进万象更新的春天

一九九二年/又是一个春天/有一位老人在中国的南海边写下诗篇

天地间荡起滚滚春潮/征途上扬起浩浩风帆

春风啊吹绿了东方神州/春雨啊滋润了华夏故园

啊，中国/啊，中国

你展开了一幅百年的新画卷/你展开了一幅百年的新画卷/捧出万紫千红的春天

设计意图：创设学生熟悉的活动情境，引发学生参与学习活动的积极性，将爱国教育融入丰富有趣的活动中，激发学生的爱国意识，在活动中培养学生的爱国情操。

4. 幸福生活品一品

主持人：改革开放四十多年，曾经落后的渔村，成为高楼林立的城市。长辈们口中吃不饱、穿不暖的生活，我们如今或许无法体会，却不应忘记：幸福的生活来之不易。美好的家园等待我们建设。让我们再次跟随镜头，走进爱国主义教育基地、岭南四大名园之首——清晖园，感受家乡之美，品味来之不易的幸福生活。【播放视频《顺德清晖园》】

设计意图：让学生体会如今生活的幸福感，明白这幸福的来之不易，使其心灵受到触动，升华感情。正是因为一代代爱国者的努力奋斗，才有了我们现代生活的繁荣，增强学生的爱国意识。

（三）爱国小结

班主任：重温爱国事迹，珍惜幸福生活。同学们，我们家乡顺德的发展正是国家繁荣富强的真实缩影，爱乡之情激励我们建设家园，爱国之情鼓舞我们报效祖国。让我们积极学习知识和本领，在学习和实践中磨炼自己，增强技能，为实现中华民族伟大复兴而不懈努力。

四、整体设计意图

本次爱国主义主题班会从学生实际出发，从顺德区的革命遗址、英烈的爱国事迹出发，设计符合学生年龄特点的教学活动，使学生在教学活动中既了解家乡的历史发展变革，又培养强烈的爱国主义热情。

在这次爱国主义主题班会中，我始终谨记：爱国主义教育不是表演给学生看，更不是让学生表演。因而班会课没有彩排，虽然过程不够流畅，但学生在查找资料和准备活动阶段，真实地受到了爱国主义的教育熏陶，获得了良好效果。

在本次主题班会的准备过程中，我发现学生的爱国主义知识储备有限，但其学习热情非常高涨，这提醒了我，我应在平时教学中引导学生从学校图书馆、教室图书角、网络平台等多渠道挖掘爱国主义教育资源，从学生的实际生活中捕捉爱国主义教育机会，充分激发学生的爱国主义情感。

厚植爱国情怀　践行青春梦想
——教学设计

贾慧咏　郑晓娥

第一部分　总体构想

一、教学背景

2021年7月，习近平总书记《在庆祝中国共产党成立100周年大会上的讲话》中指出，"人民是历史的创造者，是真正的英雄"。深入学习党史，领会中国共产党一经诞生，就把"为中国人民谋幸福、为中华民族谋复兴"确立为自己的初心和使命。一百年来，中国共产党团结带领中国人民进行的一切奋斗、一切牺牲、一切创造，归结起来就是一个主题：实现中华民族伟大复兴。

2021年是中国共产党建党100周年，金秋九月，2021级新生入学，与他们一起共同回顾我党百年征程，筑下青春梦想。

二、学情分析

班级由中职珠宝玉石加工与营销专业一年级的学生组成，共46人，其中60%是女生。本班学生能够根据教师分配的任务进行课前准备，有较强的表演和语言表达能力。他们刚进入中职，对自己的中职生活还没做好充分的设想，需要教师的引导和培育，以帮助他们树立职业理想。

三、教学目标

1. 认知目标

了解中国共产党的发展历程，知晓有志青年在百年党史中发挥的重要作用。

2. 情感、态度观念目标

坚定党的信仰，拥护党的领导，厚植爱国情怀，铸就青春梦想，认同青年"不负韶华，不负国家"的信念。

3. 运用目标

结合珠宝专业和个人实际，描绘青春梦想，并在今后的学习生活中落实。

四、教学重难点

1. 教学重点

坚定党的信仰，拥护党的领导，厚植爱国情怀，铸就青春梦想，认同青年"不负韶华，不负国家"的信念。

2. 教学难点

青春梦想的情感认同，如何确定青春梦想，并在今后的学习生活中落实。

五、教学方法

情境教学法、案例教学法、合作探究法、角色扮演法等。

六、课前准备

1. 教师准备

通过班级群发布微课和课前任务。

2. 学生准备

分组完成课前任务。

第二部分　教学过程

教学环节		教学内容	教师活动	学生活动	设计意图
课前		分组完成任务	发布各组任务	自主完成，思考中国共产党百年征程中取得光辉成就的原因	完成本组任务，感恩党
课中	导 （4分钟）	①习近平总书记对新时代青年的寄语。②《中国共产党百年述职报告》片段	①组织学习习近平总书记对新时代青年的寄语。②播放《中国共产党百年述职报告》视频。③提问：在视频中，你最深的感受是什么	①观看《中国共产党百年述职报告》视频；②回答问题	视频导入，引入新课
	辨 （12分钟）	忆 青春往事	①关于五四运动的视频。②《1921年建党》情景剧。③改革开放以来取得的辉煌成就（如"两弹一星"）。④脱贫攻坚优秀人物事迹。⑤教师小结：100年来，中国共产党带领中国人民革命、改革、建设、复兴，迎来了近代以来中华民族最璀璨夺目的好时代，也是实现中华民族伟大复兴的中国梦最关键的时代	①全员参演《1921年建党》，并观看其他小组的演出。②思考：你如何看待这些青年同志的青春故事	情境表演，了解历史

（续上表）

教学环节		教学内容	教师活动	学生活动	设计意图
课中	思 （7分钟）	思 青春信仰	①南京消防员驰援郑州视频。 ②播放2021年9月2日北京航空航天大学渐冻症新生邢益凡入学视频片段。 ③组织讨论：年青一代的信仰和抉择对国家发展的影响。 ④教师小结：青年是国家的希望、民族的栋梁。坚定党的信仰、拥护党的领导，听党话、跟党走，才能更好地完成使命	①听故事，看视频。 ②思考并讨论：年青一代的信仰和抉择对学生自己和国家发展的影响。 ③学生回答问题	案例分享，情感认同
	行 （15分钟）	行 青春使命	①身边的榜样陈奇亮（播放视频或者展示图片）。 ②组织同学写下"青春梦想"计划和措施。 ③教师小结：我们专业的学长展示了青年的成长历程，同学们也写下了自己的计划。希望大家说到做到，做一个有责任、有担当的青年，祝大家梦想成真	①倾听陈奇亮的事迹。 ②写下"青春梦想"计划：珠宝专业学生应如何在青春时期托起梦想？ ③小组派代表分享	学习榜样，践行使命

（续上表）

教学环节		教学内容	教师活动	学生活动	设计意图
课中	评（2分钟）	总结点评	①总结并诵读；李大钊《青春》。②组织观看五四专题视频。③布置作业	①齐诵：李大钊《青春》。②观看视频。③自评及他评	课堂升华，激发斗志
课后		课后拓展	践行"青春梦想"计划，4周之后汇报实施情况		课堂延伸，增强效果

树爱国之心，尽爱国之责，行爱国之举

——"爱国之举，从我做起"主题活动设计

黄立斌

第一部分　总体思路

一、教育背景

党的十八大报告指出："倡导富强、民主、文明、和谐，倡导自由、平等、公正、法治，倡导爱国、敬业、诚信、友善，积极培育社会主义核心价值观。"2021年正值建党100周年，改革开放已40多年，我们的国家取得了举世瞩目的成就，可我们国家还没有完全统一。与此同时，随着社会的进步，市场经济的发展，物质对人的影响愈加明显，一定程度上，一部分人忽视了寻求精神上的滋润，爱国主义精神稍显淡漠。我们生活在和平年代，过着幸福、无忧无虑的生活，这是因为有人守护和平，我们没有理由不爱国。

二、班情分析

中职在校的三年是中职生人生的关键时期，是学生树立、形成正确世界观、人生观、价值观的重要时期，也是建立社会责任感的重要时期。

我班学生是模具专业二年级学生，在专业课方面，虽然有部分学生缺乏自主学习的意识，缺乏学习自信心，但总体上已经基本掌握了相关的软件绘图、简单模具设计、成本核算等专业基础知识，具备了一定的专业技能。

在道德层面，不少学生存在以自我为中心、与同学相处不够融洽的现

象；生活上稍显安逸，学习得过且过，班集体荣誉感不强，缺乏社会责任感，总以为爱国离自己很远。

三、教育目标

首先，在认知目标上，通过本次活动使学生深刻领悟社会主义核心价值观的爱国内涵，懂得爱国的重要性以及为何要爱国。

其次，在情感目标上，培养学生爱国之心和爱国情操，使其懂得饮水思源、不忘根本，激发学生"爱祖国、爱郑职"的热情，把爱国情怀和实际行动相融合，从而增强学生的荣誉感和责任感，促其学好本领、为学校争光。

最后，在行为目标上，培养学生对国旗、国徽、国家的崇敬之情，遵纪守法，从小事做起，参与"社区清洁卫生"等志愿服务活动，明白做文明学生也是爱国的表现，懂得如何爱国。

四、活动准备

一是召开班干部会议，讨论活动计划，初步确定活动方案。

二是广泛收集同学们对活动方案的意见和建议，修改完善活动计划及活动方案。

三是组织分工，收集资料。收集相关的英雄故事的影视资料；收集关于党的历史人物和各界人士的爱国表现及相关图片；收集缺乏爱国主义精神的相关事件及图片；制作知识卡片：国旗、国徽、国歌的由来及象征意义；收集祖国历史、地理、风俗、近年来的成就等资料。

四是布置教室，做一期主题黑板报。设计宣传版面海报，制作"树爱国之心，尽爱国之责，行爱国之举"的横幅、签名；布置宣传栏（包括走廊），宣传爱国及相关方面的知识。

五是开展专题图片展，图片展的内容分为三部分：第一部分展示社会上的一些偏激的爱国方式。第二部分展示爱国人物事迹。通过两部分的对比，促使同学们意识到正确爱国的重要性。第三部分展示一些爱国主义图片和标语。

六是邀请团委书记宣讲国旗、国徽、国歌的由来及象征意义，再次提醒学生培养新时代的社会责任感。

七是联系社区服务负责人，开展社区清洁卫生志愿服务活动，约定服务区域和时间。

五、活动过程

整个活动过程分为校内和校外两大部分，校内活动主要为本校的升旗仪式、主题班会等，包括横幅签名活动和图片展；校外活动为社区清洁卫生志愿服务，包括宣传等活动。

第二部分　活动安排

一、活动时间

2021 年 3 月××日下午。

二、活动地点

课室及走廊、某社区区域。

三、活动流程

1. 动员讲话
团委书记先做动员讲话。讲话主要内容包括：国旗、国徽、国歌的由来及象征意义；抗疫期间 90 后、00 后在疫情一线的故事；中印边境"加勒万河谷冲突"事件等。

活动目的及预期效果：在主席台前，学生升国旗、唱国歌、明我志，并通过一个个鲜活的案例和故事，意识到爱国的重要性，明白为何要爱国，和平社会来之不易，新时代的中职生要有爱国的社会责任感与使命感。

2. 主题班会：爱我中华，从我做起

（1）播放国庆 70 周年阅兵视频片段、钓鱼岛事件、中印边境"加勒万河谷冲突"事件等相关视频资料。

（2）解说几个爱国的故事，阐明什么是爱国。

爱国，是为大家舍小家。

例如"中国核潜艇之父"黄旭华：为祖国事业埋名 30 年，丹心一片终不悔。

爱国，是坚守理想信念。

例如"轮椅老中医"万斌义诊 21 年：为祖国工作 50 年，永不言休。

爱国，是坚定文化自信。

例如"舍己财，净人心"的王英杰：舍弃千万资产义务办学，弘扬传统文化。

爱国，是坚定理想信仰。

例如戍边英雄——18 岁的陈祥榕写下的战斗口号："清澈的爱，只为中国。"

（3）主题讨论：我们应该如何正确爱国？

一是培养良好的道德素质与行为。

建设好班级，是我们每个人的责任，若未获得理想成绩，我们每个人或多或少都应为此而感到自责。国家不强盛，是谁的责任？这同样值得我们每个人反省。

二是培养强烈的责任感。

一个人做事，要先做自己应该做的事，再做自己喜欢做的事，这就是责任。对自己负责，对他人负责，对集体负责，对国家民族负责，这才算是真正的爱国。

（4）爱国图片展及签名。

此环节旨在让学生意识到爱国是一种信仰，是一种情怀，爱国不需要理由，新时代的中职生都应有爱国情怀。

3. 社区清洁卫生志愿服务

组织学生积极参与社区的卫生宣传，发放卫生宣传小册子，帮助社区清洁卫生，保护环境，将爱国的点滴落到实处。

通过为社区宣传卫生知识，学生身体力行地为社区环境卫生贡献自己的力量，意识到如何爱家、爱校、爱社会，如何尽爱国之责。在和平时期，从小处体现爱国热情，将爱国情怀付诸行动，从平时的一点一滴做起，从我做起，争做文明守纪的好学生，用实际行动来体现爱国之情。

4. 活动总结

对当天活动进行总结与提升：

环节一：回顾活动当天所听、所看、所做，讨论主题：为何爱国？分享自己的见解。

环节二：分享爱国故事，谈谈你的感受。讨论主题：你认为什么是爱国？写一篇活动感想。

环节三：说说自己的打算。讨论主题：说一说作为中职生的我们应该怎样爱国？

重点讨论以下四个问题：如何在学习中加强自我修养？如何在社会中加强自我修养？如何在与人交往中加强自我修养？如何在学校争做文明守纪的好学生？

环节四：给大家提出几点倡议。认真上好每一堂课；认真完成每一次作业；认真做好每一项值日；珍惜每一粒粮食；回家和父母好好地聊聊天；遵守社会的公德与秩序；爱护公物，保护环境，讲究卫生。

环节五：班主任总结。

同学们，爱国是一种信仰，是一种情怀，更是一种实际行动。永怀爱国之情、报国之志，尽爱国之责，爱国不需要理由。在不同时代，爱国有不同的体现方式。战争年代，爱国体现为敢于抛头颅、洒热血；和平时期，爱国要立足本职，敬业奉献，实干兴邦，从小处体现爱国热情，将爱国情怀付诸行动。热爱祖国，不是一句口号，也不是一次主题活动能全部体现的，它更多体现在同学们日常生活的一点一滴之中，没有对父母、对老师、对同学、对班级、对学校、对家乡的爱，是很难说爱祖国的，要学会分享、学会感恩，勇于承担、敢于担当。无论身在何处，我们都不能忘记自己是中国人。在不久的将来，中华民族伟大复兴需要你们年青一代去创造。未来是美好的，希望你们努力学习，刻苦锻炼，掌握专业知识，学好本领，从小事做起，从我做起，一起"树爱国之心，尽爱国之责，行爱国之举"，将来为我们的祖国增光添彩！

通过这次活动进一步增强学生的爱国主义信念，坚定爱国责任意识和使命感，鼓励学生珍惜青春，学好专业本领，在以后的学习和生活中切实做到爱自己、爱家、爱校、爱国，时刻以爱国的先辈为榜样，铭记历史，争做一名新时期的好学生，成为新时代有理想、有本领、有担当的有为青年。

师徒结对助成长　技能报国担使命
——"技能成才　强国有我"班级活动方案

晏美凤

第一部分　总体构想

一、教育背景

为深入学习贯彻党的二十大精神，培养德技皆修的高素质技能人才，在职业院校开展"技能成才　强国有我"系列教育活动，教育引导学生认识职业教育不仅大有可为，也大有作为，激励学生勇担历史重任，做新时代有为青年。

二、班情分析

模具专业一年级的学生，对模具专业有了一定的了解。受到部分观念的影响，有学生认为模具技术人员的社会地位不高，所以对专业学习和实训活动的参与积极性不强，对职业前景持消极态度，普遍认为读职校没有前途，做技术工人没有出路。

三、教育目标

认知目标：了解家乡工业发展，理解模具专业内涵，明白职业教育前途广阔。

情感目标：认同所学专业，增强职业自信，形成向榜样学习的观念。

运用目标：踏实向企业导师学习，践行专业成长成才计划，夯实专业技能。

四、活动准备

教师和学生都要做相应准备，具体如图 1 所示。

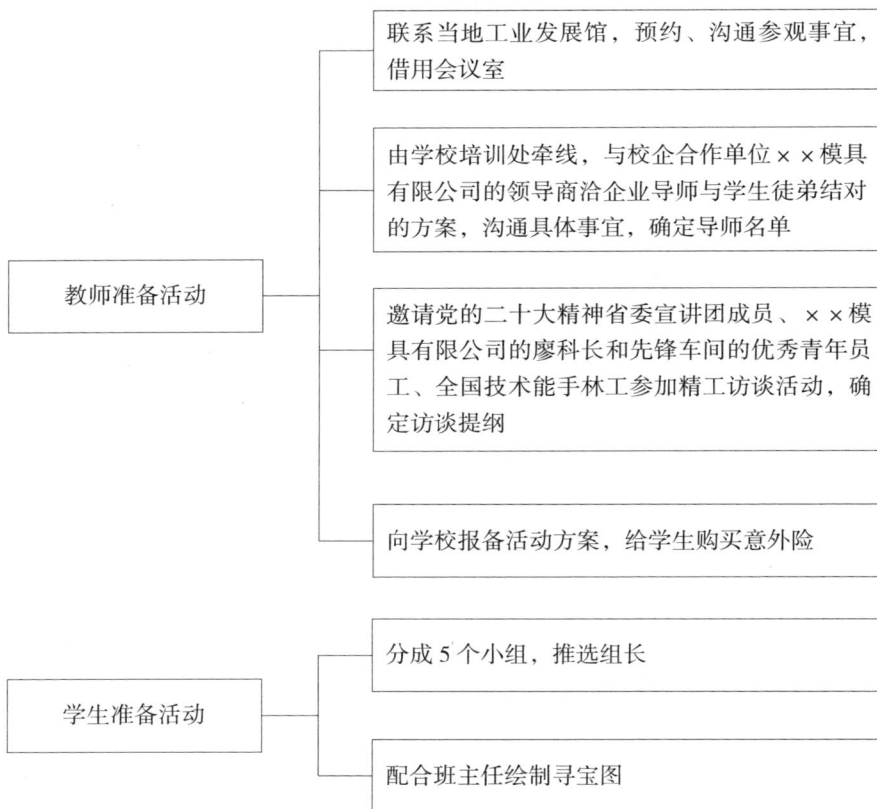

图 1　师生准备工作

第二部分　活动安排

一、活动时间

4月30日。

二、活动地点

当地工业发展馆。

三、活动流程

环节一：展馆寻宝，初感工业蓬勃发展。

1. 分组打卡寻宝

学生领取手绘寻宝图，分组与××模具有限公司先锋车间的员工一起完成打卡任务。在工业馆的五个展区中，溯源当地工业历程、了解当地制造业趋势与前景。

2. 交流参观感受

学生与企业员工在会议室自由交流寻宝过程中感触最深的展区内容。

活动目的及预期效果：通过打卡寻宝的游戏形式实地参观了解家乡的工业发展情况，一方面增加活动的趣味性，另一方面有助于学生全方位了解家乡工业的重要成就，初步形成技能报国梦。

环节二："精"工访谈，明白蓝领担当使命。

1. 开展"精"工访谈活动

邀请××模具有限公司的廖科长和先锋车间的优秀青年员工、全国技术能手林工，以"新时代蓝领使命"为主题开展"精"工访谈活动。

（1）廖科长介绍国家近10年发生的伟大变革、国家建设取得的成就。

（2）林工从青年视角出发，分享自己成长成才的故事。

2. 答疑解惑

学生针对自身的成长困惑、技能提升等方面的问题请教两位嘉宾。

活动目的及预期效果：发挥榜样引领示范作用，借助访谈的形式，形成思想碰撞，帮助学生从国家发展、个人成才等多角度进一步加强职业自信，立志技能成才。

环节三：师徒结对，助力生涯顺利启航。

1. 举行师徒结对仪式

按照参观时的小组安排，先锋车间的 5 位师傅分别与学生签订"精"牌师徒结对协议，确定师徒关系。

2. 颁发证书

向 5 位"精"牌师傅颁发聘书。

3. 导师代表、徒弟代表分别进行表态发言

活动目的及预期效果：通过企业师徒制形式，发挥企业骨干的示范引领和帮带作用，促进学生专业化成长，为学生走技能成才、技能报国之路保驾护航。

环节四：制订计划，不负强国时代重托。

1. 分组讨论

师徒小组就学生的职业生涯规划展开讨论，共同研讨本组的技能提升、职业成才行动计划，制定具体措施。

2. 小组分享

取长补短，调整完善个人行动计划。

活动目的及预期效果：通过制订计划，将现代师徒制传帮带的作用落到实处，从行动上满足学生的职业成长需求，迈出技能成才、技能报国的第一步。

环节五：活动拓展，评选最佳师徒对子。

开展"精工比武"技能比赛，在导师的指导下，学生夯实技能，提高技术水平。

学期末，班级组织评选最佳师徒对子，举行隆重的颁奖仪式，邀请企业领导为获奖者颁奖。

活动目的及预期效果：通过技能竞赛和表彰优秀，帮助学生收获技能提升的喜悦与成就，激励学生继续在技能成才的道路上走深走远。

第三部分　活动反思

本次活动以学生为中心，坚持三"贴近"原则，遵循"知、信、行"步骤，有效地达成了教育目标。一方面，发挥学生主观能动性。通过实地打卡寻宝、参观、师徒结对等活动，提高学生的参与度和积极性。另一方面，发挥榜样引领作用。借助"精"工访谈的形式，邀请企业优秀一线技术人员为学生的职业生涯指明方向，帮助学生认同专业，树立技能报国、勇担时代重任的信念。

我们与极致的距离
——"工匠精神"主题班会设计

李慧文

一、教育背景

2021 年，李克强总理在全国职业教育大会上做出批示："注重学生工匠精神和精益求精习惯的养成，努力培养数以亿计的高素质技术技能人才，为全面建设社会主义现代化国家提供坚实的支撑。"学生正处于夯实专业技能的关键时期，让其深刻认识工匠精神的内涵与实践意义，在实干中提升技能，对学生的专业发展具有重要意义。

二、班情分析

我班学生是珠宝专业二年级学生，上周是他们的金工实训周。其间，学生存在态度不端正、成品良莠不齐的现象。借助本次班会，让学生理解工匠精神，总结实训表现，为下一步学习指明方向。

三、教育目标

（1）认知目标：理解工匠精神的内涵。

（2）情感目标：认同弘扬工匠精神对夯实珠宝技艺的重要意义。

（3）运用目标：践行精益求精的工匠精神，提高职业素养和技能水平。

四、班会准备

1. 教师准备

（1）邀请陈奇亮的指导教练吕平平老师做汇报。

（2）借用珠宝展列柜和陈奇亮的珠宝作品。

2. 学生准备

备好一件实训成品。

五、设计思路

活动设计思路如图1所示。

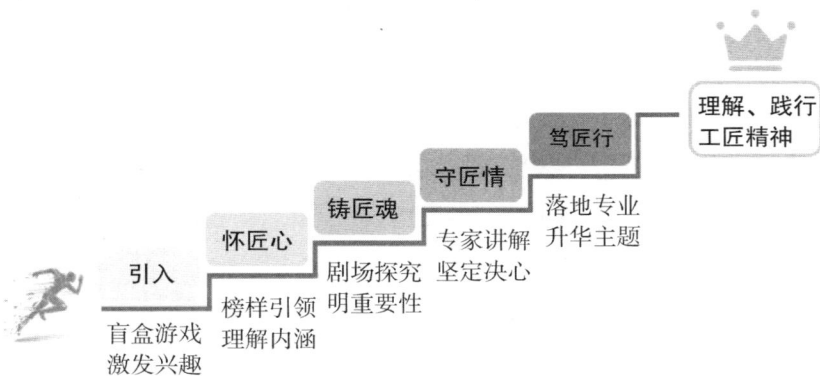

图1　设计思路

六、实施过程

（一）引入

1. 活动：开盲盒游戏

组织学生分组揭开覆在教室两边的珠宝展列柜上的绒布，品赏珠宝作品。

提问：同学们，你们知道这些珠宝精品是谁做的吗？

2. 设计意图

游戏热场、精品冲击、激发兴趣。

（二）怀匠心：何为极致

1. 播放视频：《奋斗者——陈奇亮》

提问：（1）陈奇亮有哪些行为助其成功？

（2）陈奇亮所言"追求的东西"的实质是什么？

教师点拨："追求的东西"是工匠精神。

学生分享。

2. 领悟"工匠"

工匠精神的内涵：执着专注、精益求精、一丝不苟、追求卓越。

3. 设计意图

榜样引领、思政渗透、理解内涵。

（三）铸匠魂：为何要追求极致

1. 学生情景剧：《懊悔的小李》

小组探究：（1）小李懊悔的原因是什么？

（2）导致小李这个结果的原因是什么？

小组分享。

教师点拨：培育工匠精神既是现实需要，它能为个人生涯发展提供保障，也是战略需要，它能为大国制造提供大国工匠。

2. 设计意图

剧场模拟、小组探究、明确重要性。

（四）守匠情：我们离极致有多远

1. 图片对比

列举学生实训作品的照片，与陈奇亮作品的照片对比，突出差距。

2. 活动：真人图书馆

陈奇亮的指导教练吕平平老师介绍陈奇亮的技能成长经历。

小结：世界银牌的起点也是技术"小白"，坚持对工匠精神的培养，定能一步步缩短与极致的距离。

3. 设计意图

优劣对比、专家指点、坚定决心。

（五）笃匠行：寻找缩短与极致距离的方法

1. 活动：世界咖啡

围绕工匠精神，小组针对专业学习中存在的不足，分组制定具体的提高措施。

小组分享。

小结：工匠精神的培养，需要同学们在实干中做到专业守心、物我两忘、执着技艺，如此才能成为自己所在领域的能工巧匠、大国工匠。

2. 设计意图

落地专业、思维碰撞、升华主题。

（六）课后拓展

1. 举办"未来珠宝巧匠"技能比赛

以庆祝建党100周年为主题，设计并制作一枚纪念徽章，评出最佳作品。

2. 设计意图

结合时政、挥洒特长。

七、活动反思

1. 亮点

（1）专业服务时政，充分发挥学生的专业特长。

（2）榜样引领，以成功案例为切入点，实现最大限度的共情。

（3）发挥学生主体地位，以"怀匠心—铸匠魂—守匠情—笃匠行"为主线，层层深入，达成目标。

2. 提升

丰富评价方式，形成性评价与过程性评价相统一，观察学生的内化情况。

提升创新意识　助力"中国智造"
——创新创业教育主题活动设计

区颖勤

第一部分　总体设计

一、教育背景

习近平总书记在十九大报告中指出：创新是引领发展的第一动力，是建设现代化经济体系的战略支撑。要瞄准世界科技前沿，强化基础研究，实现前瞻性基础研究、引领性原创成果重大突破。创新是一个民族进步的灵魂，是一个国家兴旺发达的不竭动力。

创新创业是指基于技术、产品、品牌、服务、商业模式、管理、组织、市场、渠道等方面的某一点或几点创新而进行的创业活动。创新是创新创业的特质，创业是创新创业的目标。

二、班情分析

本班学生是数控专业三年级学生，他们具备较扎实的专业知识，善于动手操作，但学习生活中主动探索精神与创新创业意识不强。根据数控专业人才培养方案，数控专业学生需要具备创新创业意识，才能更好地从事相关工作，为"中国智造"添砖加瓦。

三、教育目标

（1）知识目标：了解创新创业的内涵。

（2）情感目标：认同创新精神对个体和国家的意义和价值。

（3）行为目标：乐于思考、主动探索，能运用创新思维来解决问题。

四、活动准备

（1）邀请创新发明指导老师金飞老师开讲座。

（2）准备数控刀具产品全息投影视频。

（3）布置学校双创中心。

第二部分　活动安排

一、活动时间

第 15 周星期三第 6 至 7 节课。

二、活动地点

学校双创中心。

三、具体活动

1. 导入

播放习近平总书记《加强全球治理　以创新引领发展》的视频讲话。

活动目的及预期效果：学生聆听习近平总书记的讲话，启迪思维，激发创新兴趣。

2. 感受科技魅力

（1）参观双创中心，由校创新创业团队带领参观并介绍中心的100多件发明创新与专利产品。

（2）学生与创新创业团队学长学姐深入交流。

活动目的及预期效果：利用朋辈力量，打开学生眼界，使其看到社会变化及科技发展之快，明白创新的重要性。

3. 创新意识讲座

（1）创新发明指导老师金飞老师开设关于创新意识培养的讲座。

（2）学生观看数控刀具全息投影视频，感受与传统视频完全不一样的3D效果。

（3）师生互动。

（4）教师小结：未来世界是一个高度智能化、高知识、高素养的世界。大家一定要学好知识和本领，为将来更好地立足社会而积攒力量。

活动目的及预期效果：通过金老师的介绍了解什么是创新意识，为什么要具备创新意识以及简单了解如何创新。如果墨守成规，就会被社会远远地抛在后面。

4. 创新能力实践

以建党100周年为契机，请学生以"少年工匠心向党"为主题，结合"融数"班精神，设计文创产品，画图建模。

由金老师评出最佳作品。

活动目的及预期效果：启发学生结合专业实际，探索专业领域的问题，培养学生爱国主义精神，增强职业荣誉感，使学生力争做一个能为国家、社会作贡献的人。

5. 活动拓展

学生将最佳文创产品通过3D打印成型，赠送给学校，在学校"七一"

庆典当天颁发给我校评选的优秀共产党员。

活动目的及预期效果：学生通过参与文创产品的创作与打印，增强获得感与效能感，打开创新思路，提高专业技术运用能力，不断提升创新意识。

劳有所获　动有所得
——劳动教育主题班会设计

冀殿琛

一、教育背景

2018 年全国教育大会，习近平总书记提出要在学生中弘扬劳动精神，引导学生崇尚劳动、尊重劳动，懂得劳动最光荣、劳动最崇高、劳动最伟大、劳动最美丽的道理。顶岗实习是中职教育人才培养的一个重要环节，是中职生理解劳动教育的重要途径，也是其参与劳动教育的有效方式之一。

二、班情分析

本班为 2018 级机器人专业全男生班，通过对学生及家长的问卷调查，发现学生平时存在劳动意识不强的现象，家长希望学校对孩子加强劳动教育（见图 1）。

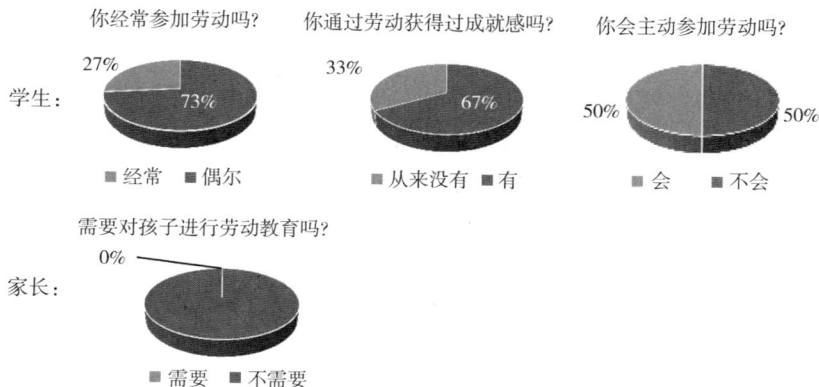

图 1　有关劳动情况的问卷调查结果

三、教育目标

（1）认知目标：理解什么是劳动，正确认识劳动。

（2）情感目标：认同"劳动最光荣"这一观念，通过劳动获得成就感。

（3）行为目标：学会在顶岗实习中践行劳动精神。

四、班会准备

1. 教师准备

邀请毕业生回校分享；制作电工线槽、工具及评价表等。

2. 学生准备

做线槽底、手抄报。

五、设计思路

主题班会的设计思路如图 2 所示。

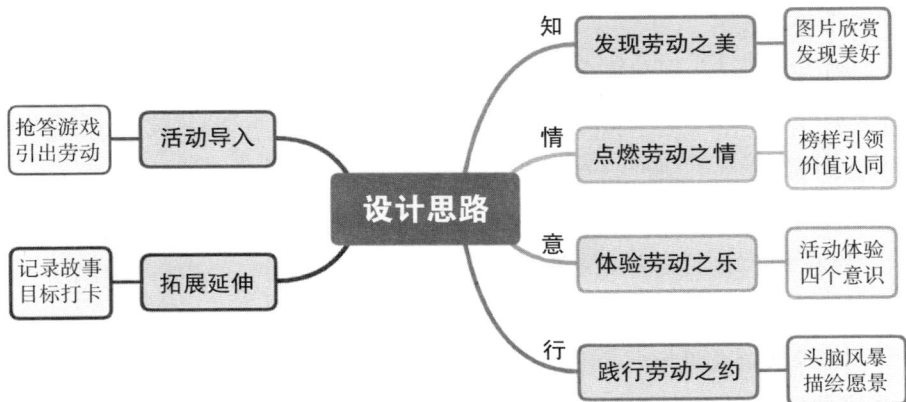

图 2　设计思路

六、实施过程

（一）导入

1. 介绍规则

成员参与，积分获得劳动成果"中国心"，获得"中国心"最多的小组被评为劳模小组。

2. 介绍评委

电工竞赛组同学担任评委及助理。

3. 抢答游戏

看图片、辨劳动。

答题正确可获得 1 颗"中国心"。

4. 小结

劳动是指人类创造物质或精神财富的活动，分为体力劳动和脑力劳动。

5. 设计意图

明确规则、抢答游戏、引出"劳动"含义。

（二）发现劳动之美

1. 播放图片

归类播放学生课前提交的各行业劳动者以及班上同学劳动的照片。

2. 小结

任何具有奉献精神的劳动都很美。

3. 设计意图

赏图片、发现美、创造美。

（三）点燃劳动之情

1. 带问题看视频

观看"全国劳动模范——张雪松"的视频材料，思考以下问题。

（1）劳模与你有哪些相同的地方？

（2）你对视频中的哪句话印象最深刻？

2. 学长有话说

视频连线毕业学长，听其讲述工作中因亲手调试的机器人发挥作用而获得的成就感，激发学生专业自信及自豪感。

3. 小结

（1）通过劳动可以获得新生、赢得认可。

（2）通过劳动可以体现个人价值、展现个人风采，更能在工作中找到快乐。

（3）"实干"首先就是要脚踏实地劳动。

4. 设计意图

榜样引领、劳动光荣、技能宝贵、创造伟大。

（四）体验劳动之乐

1. 体验活动——我向党表忠心

运用电工专业技能，利用线槽制作相框，将课前做好的"献礼100周年"手抄报（见图3）装裱。

图3 "献礼100周年"手抄报

2. 评委评价

评委有 10 颗"中国心"，按相框工艺进行打分分配，最后以获得"中国心"的数量来评选优胜小组。

3. 优胜小组经验分享

4. 小结

在即将要参加的顶岗实习中，需要具备四个意识：保证产品合格——质量意识；遵守操作规程——规范意识；遵守规章制度——规则意识；服从管理安排——团队意识。

5. 设计意图

活动体验、贴近专业、四个意识。

（五）践行劳动之约

1. 头脑风暴

思考：如何解决你在顶岗实习中可能会遇到的问题？

每组采用翻牌的形式（见图4）抽取一道题目进行讨论并分享，累积劳动成果（"中国心"）最多的小组获得最先选择权。

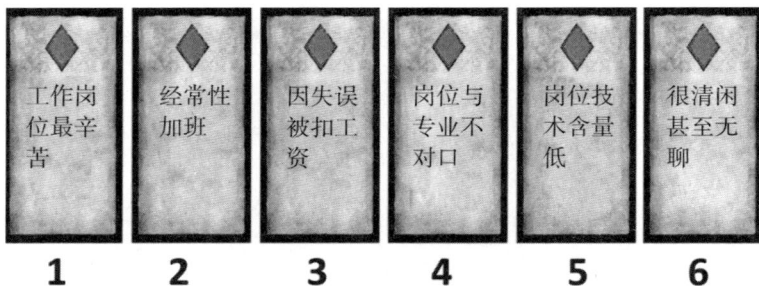

图4　翻牌

2. 小结

工作中需要大家具备以下品质：

（1）热爱劳动、崇尚劳动、诚实劳动、辛勤劳动的态度——劳动精神。

（2）执着专注、精益求精、一丝不苟、追求卓越的要求——工匠精神。

（3）爱岗敬业、勇于创新、淡泊名利、甘于奉献的素养——劳模精神。

3. 设计意图

头脑风暴、践行劳动精神、描绘愿景。

（六）拓展

（1）记录顶岗实习中"我的劳动故事"，在班级微信公众号上发表。

（2）设定"我的劳动小目标"。

（3）记录故事、促进成长、目标打卡、习惯养成。

七、总结反思

1. 亮点

（1）以问题为导向，提高劳动教育的针对性和实效性。

（2）以榜样为引领，增强学生崇尚劳动的思想觉悟。

（3）以任务为载体，贴近专业、贴近实际，贴近学生，引导践行。

2. 不足与改进

评价的创新性不够，过程性评价方式有待改善。应将评价延伸至课前和课后，使其更具科学合理性。

无劳动　不成长

——劳动教育主题活动设计

韩　冰

第一部分　总体构想

一、教学背景

习近平总书记说："生活靠劳动创造，人生也靠劳动创造。"他在 2018 年 9 月 10 日全国教育大会重要讲话中指出，要在学生中弘扬劳动精神，教育引导学生崇尚劳动、尊重劳动，懂得劳动最光荣、劳动最崇高、劳动最伟大、劳动最美丽的道理，长大后能够辛勤劳动、诚实劳动、创造性劳动。

二、班情分析

我班学生是电商专业二年级的学生，他们对劳动的理解不够全面，而且部分学生缺乏劳动意识。进入二年级后，实习实训机会逐渐增多，以实习实训为主要载体开展劳动教育工作是中等职业学校的重要特征。

三、教育目标

（1）认知目标：知道劳动的范畴，了解劳动对于提高专业技能的作用。

（2）情感目标：树立劳动最光荣、劳动最崇高、劳动最伟大、劳动最美丽的观念。

（3）行为目标：养成良好劳动习惯，认真参加实习实训，提高职业技能水平。

四、活动准备

（1）采访校医、德育处领导、学校老师，请他们评价上一周的卫生及公益服务情况。

（2）将学生上一周的劳动及采访过程搭配温馨的音乐做成视频。

（3）邀请电商专业优秀毕业生回校分享经验。

第二部分　活动过程

一、活动时间

第 15 周星期一下午第 6、7 节课。

二、活动地点

珠宝实训中心。

三、具体安排

劳动是促进社会发展的动力，是人成长所需的课堂。我国古人既有"一屋不扫，何以扫天下"之问，也有"一室之不治，何以天下家国为"之训。中华民族有热爱劳动、尊崇劳动、勤奋劳动之优良传统。

1. 认识劳动之乐

（1）观看视频《辛勤的小蜜蜂》。让学生看到视频中或大汗淋漓，或埋头苦干，或精神抖擞，或羞涩掩面的自己，聆听卫生检查老师、德育处领导及其他老师对值周工作的评价。

（2）学生分享参加劳动公益服务周的感受。

教师点拨：劳动公益服务周是日常劳动和服务性劳动的结合，它能让学生动手实践、出力流汗、接受锻炼、磨炼意志。中职学生还应通过实习实训参加生产性劳动。

活动目的及预期效果：通过回顾值周工作，帮助学生了解劳动的范畴，使其认识到中职学生应以实习实训课为主要方式培养劳动意识，培养劳动技能。

2. 点燃劳动之情

邀请珠宝花丝工作室主理人、珠宝专业优秀毕业生黄××分享经验，工作室的其他成员也分享了工作过程中的苦与乐、困难与成就。

教师点拨：幸福的生活、过硬的职业技能是无法不劳而获的，珠宝匠人只有通过辛勤、诚实、创造性的劳动，才能脱颖而出。

活动目的及预期效果：学长分享点燃学生的劳动热情，帮助学生树立劳动最光荣、劳动最崇高、劳动最伟大、劳动最美丽的观念。

3. 体验劳动之美

以小组为单位，为"以劳为美"主题活动制作首饰。

操作方式：以小组为单位拍照，建立素材库；每位同学均设计制作首饰，要求海报设计体现以劳动为美的理念等；珠宝实训课程陈老师现场辅导。

制作完成之后全体学生进行投票，选出三个最佳作品。

活动目的及预期效果：组织学生参加珠宝专业的生产性劳动，提高学生自身专业技能水平。

4. 活动拓展

组织全班同学为作品投票，开展线上宣传，并组织作品义卖，义卖所得收入捐给贫困儿童。

活动目的及预期效果：通过这次主题活动，使学生在劳动中增强职业荣誉感。劳动不分贵贱，劳动者最美。学生一定要树立劳动最光荣、劳动最崇高、劳动最伟大、劳动最美丽的观念，在劳动创造中形成发现美、体验美、鉴赏美、创造美的意识。

心之所想　服务必到
——爱岗敬业主题活动设计

黄芬楠

第一部分　总体思路

一、教育背景

习近平总书记在中国共产党第十九次全国代表大会上强调，要建设知识型、技能型、创新型劳动者大军，弘扬劳模精神和工匠精神，营造劳动光荣的社会风尚和精益求精的敬业风气。

二、班情分析

中职三年是学生树立正确的人生观、价值观和世界观的关键时期，是培养学生精益求精的敬业精神的重要时期。

（1）专业方面。

我班学生是电商专业二年级学生，已经掌握了客服接待、客户心理、网络营销、图像处理等基础理论知识和操作技能。

（2）道德层面。

我班部分学生以自我为中心，做事和操作技能主动性较弱，在企业进行客服实训时，存在注意力不集中、刷手机、与客户发生冲突的现象，造成不良影响，不利于培养积极的工作态度和敬业精神。

三、教育目标

（1）认知目标：了解电商从业者应该具备的专业素养，了解成为一名合格的网店客服需要具备的素质和技能。

（2）情感目标：认同"把客户需求放首位、用心服务客户"的理念。能认真做好网店客服的工作，获得用户的认可。

（3）行为目标：参与企业"双十二狂欢节"促销活动，线上用心接待客户，及时解答客户问题，积极为客户服务，完成大促期间相关业绩要求，培养精益求精的敬业精神。

四、活动准备

（1）"双十二狂欢节"活动开始前，企业客服主管对学生作动员讲话。

（2）学生课前在教室黑板上绘制"爱岗敬业"主题黑板报。黑板报主要分为四个部分：疫情防控期间不畏生死的医护人员；火场里勇往直前的消防战士；坚守岗位的外卖小哥；认真做客服工作的学生。

（3）制作《心之所想　服务必到》主题视频。视频内容主要反映开学以来学生到企业进行客服实训的场景，包括班级学生认真工作的样子、学生被客户气哭其他同学帮忙的场景、学生开学以来取得的业绩、不同学生分享自己在实际接待客户过程中印象深刻的例子及感受。

（4）学生前往实训基地参加"双十二狂欢节"活动相关培训，了解大促期间客服的工作要点、服务红线及业绩要求，做好相关笔记，为活动做充足的准备。

（5）给学生分工。具体包括售前、售中、售后客服岗位学生分工；活动前黑板报素材查找及绘制；活动前视频拍摄及制作；实训基地"双十二狂欢节"场室布置等。

第二部分　活动安排

一、活动时间

2020 年 12 月 12 日下午。

二、活动地点

班级、企业实训基地。

三、活动流程

1. 动员讲话

讲话内容包含此次"双十二狂欢节"活动线上接待工作的重要性，客服的基本素质，活动期间的业绩要求及奖励方案等。

活动目的及预期效果：通过动员讲话，让学生意识到此次工作的重要性，明确本次活动中各自的工作职责和要求，调动学生工作的主动性和积极性。

2. 展示"爱岗敬业"主题黑板报

引导学生看教室的黑板报，表扬几位加班加点帮忙绘制的同学，指出他们认真完成黑板报也是一种敬业的表现，鼓励其他同学向他们学习。

学生代表介绍黑板报内容：疫情防控期间不畏生死的医护人员（正因为有他们默默付出，坚守岗位，我们才能像现在这样坐在教室里读书，到企业进行客服实训）、火场里勇往直前的消防战士（他们是最美逆行者，面对火灾，消防员没有退缩，扑灭大火就是他们的职责，他们勇往直前，守护了众多家庭，我们平时在生活中碰到一些危急棘手的事情，也可以求助消防员，他们会积极给予帮助）、坚守岗位的外卖小哥（风里雨里，外卖小哥始终坚守岗位，准时为人们送去热腾腾的饭菜）、认真做客服工作的学生（我们这学期从一开始的不知所措，到现在肯学肯干，基本都能独当一面）。这些场景都是我们非常熟悉的，正因为有无数的人坚守在自己的岗位上，我们才有今天的幸福生活。

活动目的及预期效果：黑板报旨在让学生了解何为敬业，让其意识到敬业精神的重要性。客服工作场景贴近学生实际，使学生意识到做好客服实训时企业的具体要求，这也是一种敬业的表现，为以后工作打下基础。

3. 播放《心之所想　服务必到》主题视频

学生观看视频，回顾自己开学以来的客服工作经历。

活动目的及预期效果：学生通过观看视频，回顾和总结自己开学以来的客服工作，直观地看到自己和班里其他同学的工作状态和取得的成绩，互相分享工作中遇到的问题和解决方法，培养认真负责的工作态度。

4. 参加企业"双十二狂欢节"活动客服工作

学生在企业实训基地接待线上客户，及时响应客户的问题，及时转接处理不了的问题，做好特殊客户的记录。完成企业的业绩指标。

活动目的及预期效果：在企业实地体验"双十二狂欢节"活动期间的客服工作，了解客服工作的不易，懂得如何调整个人心态，得当、及时地解决客户问题，学习积极的工作态度，培养精益求精的敬业精神。

5. 活动总结

对当天活动进行总结提升。

环节一：活动回顾。教师将活动过程拍照做成视频用以回顾。

环节二：分享活动感受。学生分享"双十二狂欢节"活动中线上接待客户的经验和感受。

环节三：说说"我"的打算。学生思考如何利用自己的专业为社会发展作贡献。

活动目的及预期效果：进一步培养学生精益求精的敬业精神，鼓励学生学好专业知识，成为有理想、有本领、有担当的社会主义建设者和接班人。

让文明之光　照亮你的美
——主题活动设计

李晓萌

第一部分　总体构想

一、教育背景

中华民族是具有五千年历史的礼仪之邦。文明礼仪是中华民族的优良传统，是维系社会正常生活而要求人们共同遵守的基本道德规范，是道德和社会公德的体现，更是城市的素养、国家的脸面。"富强、民主、文明、和谐"等社会主义核心价值观，以及教育部制定的《中等职业学校学生公约》的第四条"讲文明，重修养"，都对中职生的文明礼仪提出了明确的要求。目前，佛山市顺德区也借着旧村改造的春风，美化村容村貌，建设美丽文明村示范点。

二、班情分析

我班学生是机器人专业二年级的学生，主要来自伦教的各个村居，受朋辈影响，有彰显个性的强烈愿望，但是理性分析的能力不足。班上有的学生讲究卫生、举止文明，待人接物彬彬有礼，并志愿加入义工队，有强烈的归属感和幸福感；但有的学生存在破坏公物、举止随意的行为，甚至出现打架的情况。他们即将走上社会、走进企业，为了帮助他们更好地适应社会，需要对他们进行文明礼仪的培养，让他们为建成"村居蝶变美如画　庄头秀丽幸福家"而努力奋斗。

三、教育目标

（1）认知目标：知晓何为文明礼仪，知道文明礼仪的基本要求。

（2）情感目标：认同文明礼仪对个人、组织和国家的作用。

（3）行为目标：纠正生活中的不良行为习惯，养成使用文明用语、以礼待人的习惯。

四、活动准备

（1）提前让学生熟悉小视频制作软件，上午第 5 节课前发放手机，分好小组。

（2）邀请校外礼仪专家周思敏老师到校指导。

（3）准备评选"文明之星"的奖状及奖品。

（4）参观顺德美丽乡村示范片区之前，做好报备、租车、购买保险等准备工作。

第二部分　活动过程

一、活动时间

第 16 周星期三下午第 5～7 节课。

二、活动地点

下午第 5 节课：操场。

下午第 6 节课：教室。

下午第 7 节课：陈村镇庄头村。

三、具体安排

1. 寻找文明之美

学生运用手机或相机，捕捉体育课上及公益劳动技能周里有关文明礼仪的精彩瞬间，制作小视频并将其分享到班级群。

活动目的与预期效果：充分发挥学生的主体性，让他们在参与中发现身边的文明礼仪行为，用分享的方式带领全班同学感悟文明之美、礼仪之美。

2. 学习文明之美

邀请校外礼仪专家周思敏老师做文明礼仪讲座，重点讲解见面礼仪、沟通礼仪。

活动目的与预期效果：通过对文明礼仪的学习，理解文明礼仪对个人、对组织的作用，从而努力做懂礼仪的中职生。

3. 打造文明之美

班主任根据学校"文明之星"的评选条件及流程，选出班级"文明之星"的候选人，以小组为单位进行文明礼仪大比拼的现场展示会，邀请周思敏老师做评委，在比拼结束后给予学生进一步的指导，并选出班级"文明之星"。

活动目的与预期效果：贴近生活、贴近实际、贴近学生，让学生在参与中体验和成长，使用文明用语、以礼待人。

4. 弘扬文明之美

积极开展社会实践活动。班主任带领学生参观旧村改造示范村，让学生明白打造宜居家园人人有责，积极参与以爱护公物、节能环保等为主题的社会实践活动，并为顺德高质量发展尽自己一份力。

活动目的与预期效果：将文明的观念传达给更多的人，为文明社会贡献自己的力量。

勿让"诚信消费"来"消费诚信"

高嘉慧

第一部分　总体构想

一、教育背景

诚信是社会主义核心价值观从公民个人层面提出的价值准则，是人们认同的道德规范。2013 年 10 月，习近平总书记在印度尼西亚国会演讲时提出："人与人交往在于言而有信。"人无信不可，民无信不立，国无信不威。当前，社会不断发展，中职生思想活动的独立性、选择性、多变性、独特性增强，职业技术学校的学生应该视"诚信"为立身之本，让诚信植根于心中。

二、班情分析

本班为电商专业班。学生的购物模式和购物思维都随着电商时代的到来而发生转变，班里部分同学出现做不到诚信消费的情况，经常有学生因买东西向其他学生借钱而逾期不还，给其他学生造成麻烦与困扰。更有学生依赖网络借贷平台提前消费，为此我特意开设"勿让'诚信消费'来'消费诚信'"主题班会，让学生明白要诚信做人、诚信做事。

三、教育目标

（1）认知目标：了解诚实守信的基本含义以及与公民的关系，并懂得诚实守信是中华民族的传统美德。

（2）情感目标：从"知、信、行"三个方面展开，使同学们懂得"诚信乃立身之本"，引导学生践约守信，诚实、踏实做人。

（3）行为目标：明理导行，使学生养成诚信习惯，做到知行合一。

四、教育方法

讲授法、讨论法、表演法。

五、设计思路

（1）"知"诚信。引导学生明理诚信。

（2）"信"诚信。加强学生的诚信观念。

（3）"行"诚信。践行诚信，落实诚信往深里走、往心里走、往实里走。

第二部分　活动准备

一、人员分工与素材准备

首先，进行分组、确定小品演员。

其次，准备 PPT、钢琴、曲谱、图片、视频、小品剧本、调查问卷、诚信币、奖品等素材。

二、环境布置与场地准备

把班级的桌椅分成 6 个小组、制作小组"诚信币"统计表，并检查班级多媒体及音响设备运行是否正常。

第三部分　实施过程

一、课前导入

（1）课前制作并完成问卷调查"诚信与谎言"（附资料）。

（2）介绍"诚信币"及"诚信币"的取得方法。

以游戏的方式激起学生的学习兴趣，活跃课堂气氛，以抽奖的形式增加课堂的趣味性，鼓励学生参与活动。

（3）出示调查问卷的结果。

教师适当引导学生回答出"不诚信"是问题产生的主要原因，并引出本课的主题内容——勿让"诚信消费"来"消费诚信"。

二、"知"诚信

了解诚实守信的基本含义以及诚信与公民的关系，懂得诚实守信是中华民族的传统美德。

三、"信"诚信

（一）小品展示

以生活中常见的例子切入，引起学生的共鸣。

1. 小品展示：《借钱》（5分钟）

小品主要内容：同学 A 向同学 B 借 50 元购买鼠标，约定在下周归还，可过了约定时间也一直没见同学 A 提及借钱的事，于是同学 B 鼓起勇气向同学 A 要回 50 元，可同学 A 却表示自己没有钱。

2. 小组讨论

小品中的情景在你的生活中出现过吗？引导学生分享身边不诚信的行

为给我们带来的困扰与麻烦。

（二）播放视频

以《超市老板讲诚信，停业前"求退卡"》的视频导入，通过社会的正能量事件，引导学生讨论身边诚信的表现，帮助学生树立正确的价值观。

四、"行"诚信

（一）消费诚信

1. 举例切入

出示班上网络借贷学生被追债的短信。从学生身边的事情切入，有针对性地展开讨论，杜绝类似的事情在班上发生。

2. 教师点评

"信用消费"是把双刃剑，若使用的人都能守诚信，也许就不会出现那么多悲剧了。人生的路很长，别把自己的路走窄了，踏实做人，什么都会有的，永远不要透支身边的人对你的信任，失去诚信等于终生破产。

3. 介绍征信系统

4. 分析征信黑名单对生活带来的影响

5. 教师点评

征信黑名单不仅对自身造成影响，而且会给家人带来诸多不便，若想不被影响，最好的办法就是讲诚信，从自己做起，并感染身边人。

（二）诚信消费

1. 介绍"芝麻信用"

给学生展示"芝麻信用"在生活中提供的便利，现场查看教师的支付宝"芝麻信用"，树立榜样的作用。

2. 教师点评

每一次守约都是信用的积累。讲诚信的人社会将处处为你"开绿灯"，不讲诚信的人将寸步难行。

3. "诚信币"统计

跟踪教育，践行诚信，落实诚信往深里走、往心里走、往实里走。

五、教师总结，主题深化

1. 总结

诚信不是才智，却常常折射出比才智更耀眼的光芒；诚信不是财富，却往往赢得比财富更多、更珍贵的东西。

2. 升华

演唱《诚信之歌》。

"在中职，遇见更好的自己"班会课教案
——开学第一课

孟艳艳

一、教育背景

习近平总书记说过，我国经济要靠实体经济作支撑，这就需要大量专业技术人才，需要大批大国工匠。因此，职业教育大有可为。面对刚入学的中职生，作为老师的我们要帮学生了解中职，走进中职，并爱上中职。开学第一课，应让学生清晰自己的定位，知晓作为一名中职生的意义，帮助学生从中考失利中走出来并树立自信；让学生了解国家对中职教育的重视，开展榜样目标教育，使其明白应从现在开始抓住"蜕变"的机会，努力学习专业技能，精进自我，为将来成为"大国工匠"而努力。

二、班情分析

本班为电商专业班，开学初的学生还停留在初中学习的意识形态，很多学生还会有中考失利带来的不良情绪，特别是有些学生要面对家长和社会对中职持有偏见的舆论压力，对中职生活完全陌生，没有明确清晰的生涯规划和专业目标。同时，班级同学间也很陌生，班级没有凝聚力。所以本节课要帮助学生成功过渡到中职生涯中，帮助学生树立科学恰当的专业学习目标，初步形成班级凝聚力。

三、教育目标

1. 认知目标（知）

通过世界技能大赛银牌获得者陈奇亮的实例，使学生明白在中职抓住机会，也能遇见更好的自己。

2. 情感目标（信）

通过两个体验式活动，使学生对"抓住机会""重视团队合作"有所感悟，让学生们明白在生活中具有挑战精神和形成班级凝聚力的重要性。

3. 行为目标（行）

通过交流心得和教师引导，希望学生在日后树立"以我是中职生为荣"的信念，并付诸实际行动。在未来三年按照设定的目标努力前行，达到知行合一。

四、教育方法

体验法、讲授法、讨论法、榜样示范法、游戏法。

五、活动过程

1. 活动一：抓住"机会"，完美蜕变

（1）热身活动：抓住"机会"。

（2）规则。

①同学们站成一排，每位同学先伸出自己的左手手掌，放在身体左侧，掌心朝下。

②竖起自己的右手食指，放在站在自己身体右侧同学的左手掌心下，指尖抵住他的掌心。

③当听到老师说到"机会"这个词的时候，同学们的左手要飞快地抓

住手掌下面的手指，同时自己右手的食指要飞快地逃离，不要被抓到。

（3）教师引导：请"抓住"在中职蜕变的机会。

2. 活动二：了解中职，大有可为

（1）播放视频：《95后小伙中考落榜，变身大国工匠》。

（2）习近平总书记在2019年8月20日考察了甘肃省张掖市山丹培黎学校，他强调，关键是要发展教育，特别是职业教育。我国经济要以实体经济作为支撑，这就需要大量专业技术人才，需要大批大国工匠。因此，职业教育大有可为。

（3）教师引导：请抓住在中职蜕变的"机会"。

3. 活动三：榜样赋能，唤醒目标

邀请优秀毕业生——世界技能大赛银牌获得者陈奇亮来做题为"中职生活如何规划会出彩"的讲座，讲述身边榜样的故事，通过榜样的力量唤醒学生的奋斗意识。

4. 活动四：规划生涯，人生出彩

学生初步了解中职学习目标，制订职业生涯初规划。

班主任引导学生初步了解中职的学习目标，初步了解所学电商专业的就业前景和专业要求。帮助学生树立自信，强调中职和初中学习内容和方式的不同，引导学生接受中职学习生活的挑战，抓住在中职蜕变的机会，努力遇见更好的自己。

5. 活动五：坚持不懈，直面挑战

观看视频《十字架的启示》，教育学生要有持之以恒的毅力，要有责任感和使命感，为三年的学习做好心理准备。还有即将到来的军训，是学生在中职生活中面对的第一个挑战，引导学生积极面对挑战，克服困难完成任务，才可以提升自己。

6. 活动六：同向而行，同心协力

游戏规则：由两人组合开始，每次尝试成功后可增加一个人。

（1）按小组进行比赛。

（2）每组先派两名学生，背靠背坐在地上。

（3）两人双臂互相交叉，合力使双方一同站起。

（4）以此类推，每组每次增加一人；如果尝试失败需再来一次，直到成功才可再加一人。

（5）人数最多且用时最短的一组为胜。

班主任引导学生齐心协力完成任务，初步形成班级凝聚力。

六、课后作业

（1）大家按照要求制作名片卡，为下节班会课的自我介绍做好准备。

（2）填写自己的"名人录"信息卡。

（3）在周记本上写好自己的目标和计划。

（4）学习《学生管理制度》。

七、课后反思

从学生拟订的计划中观察学生对中职生活的向往，帮助其逐渐建立起学习自信。

少年的你　知法行法

——法治教育主题班会设计

冀殿琛

第一部分　总体思路

一、教育背景

2016 年 6 月，针对校园暴力，李克强总理作出重要批示：校园应是最阳光、最安全的地方。校园暴力频发，不仅伤害未成年人身心健康，也冲击社会道德底线。教育部要会同相关方面多措并举，特别是要完善法律法规、加强对学生的法治教育，坚决遏制漠视人的尊严与生命的行为。

二、班情分析

本班是机器人专业男生班，对校园欺凌的认知比较模糊，虽然已经了解一些法律知识，但法治意识不强。一部分学生以自我为中心，日常生活中也常以旁观者的身份看待世界。

三、教育目标

1. 认知目标
认识什么是校园欺凌，预防校园欺凌的必要性。
2. 情感目标
感知校园欺凌带来的伤害，提升道德观念及法律意识。

3. 行为目标

面对校园欺凌，不漠视、不助长，懂得保护自己，智慧应对。

四、活动准备

（1）教师准备：设计方案、指导学生排练、邀请驻校民警。
（2）学生准备：排练情景剧，分组制作 PPT，观看电影《少年的你》。

五、实施过程

1. 少年的你，认知欺凌

每组用 PPT 分享电影《少年的你》观后感，并指出电影中出现的你认为是校园欺凌的现象。

活动目的及预期效果：让学生能够明确区分哪些行为是校园欺凌，并且知道语言攻击以及网络暴力也属于校园欺凌。

2. 少年的你，防治欺凌

每组围绕校园常见的欺凌的现象，现场展示已设计的情景剧，观看情景剧的同学选取其中任意一个角色进行阐述：如果我是他，我有什么感受？我又会如何处理这件事情？

活动目的及预期效果：让学生以换位思考的形式体会校园欺凌带来的伤害，并学会冷静分析问题，提升处理问题的能力。

3. 少年的你，与法同行

邀请驻校民警现身说法，根据几起校园欺凌案例，普及相关法律知识，引起警示。

活动目的及预期效果：让学生知道校园欺凌是违法行为，并且能够知法、懂法、不犯法，当遇到校园欺凌时懂得用法律的武器保护自己。

4. 少年的你，拒绝欺凌

围绕两个话题，进行头脑风暴：

（1）当你面对校园欺凌时，你会如何应对？

（2）当你看到同学受到校园欺凌时，作为旁观者的你会如何应对？

学生将自己的观点上传到 UMU 互动学习平台上，教师投屏展示并对其进行总结。

活动目的及预期效果：唤醒学生，让其面对校园欺凌时不再冷漠；引导学生要做遵法纪、守规章的中职生，修正自己的言行，更要学会用法律的武器保护自己；面对校园欺凌时不以旁观者自居，要勇敢同校园不正之风做斗争。

5. 拓展延伸

由各组长整理本组发言，班主任助理主笔，撰写《向校园欺凌说"不"》倡议书，组织全班同学签名，张贴在班级公告栏。

活动目的及预期效果：倡议同学们行动起来，以实际行动抵制校园欺凌。

对校园欺凌说"不" 我有我态度

周 卓

第一部分 总体构想

一、活动背景

校园欺凌指在校园内外学生间一方（个体或群体）单次或多次，蓄意或恶意通过肢体、语言及网络等手段实施欺负、侮辱，造成另一方（个体或群体）身体和心理伤害、财产损失或精神损害等的事件。这种行为的发生往往伴随着实际的或认知到的权力不平衡，会在一段时间内具备反复发生的可能性。

2017年4月，李克强总理主持召开国务院常务会议，部署加强中小学、幼儿园安全风险防控体系建设，打造平安校园。总理指出，要建立防控校园欺凌的有效机制，及早发现、干预和制止欺凌、暴力行为，对情节恶劣、手段残忍、后果严重的必须坚决依法惩处。2020年，新修订的《中华人民共和国未成年人保护法》第三十九条规定："学校应当建立学生欺凌防控工作制度，对教职员工、学生等开展防治学生欺凌的教育和培训。""学校对学生欺凌行为应当立即制止，通知实施欺凌和被欺凌未成年学生的父母或者其他监护人参与欺凌行为的认定和处理；对相关未成年学生及时给予心理辅导、教育和引导；对相关未成年学生的父母或者其他监护人给予必要的家庭教育指导。"可见，学校对"校园欺凌"持续关注，防范其发生。

我校地处珠三角腹地，经济发达，生源较为复杂，校园存在欺凌现象。本班虽未发生情节恶劣的校园欺凌事件，但职校生应该具备识别校园欺凌的能力，树立明辨是非的观念，学会尊重和接纳他人，增强自我保护意识，对校园欺凌勇敢说"不"。

二、班情分析

本班为计算机平面设计专业毕业班，由平面设计和工业设计两个专业方向的学生在职二下学期合班组成，共有学生 60 人，其中男生 44 人，女生 16 人。平时按专业分班上课，学生之间不是很熟悉，合班之后，通过学校和班级组织的活动，集体凝聚力增强，在不少集体项目上取得了佳绩。班级氛围和谐稳定，学生具备明辨是非的能力，海报制作水平高，善于展现自我。但有时同学之间玩闹不懂分寸，也会引发矛盾。同时，个别学生日常表现较为胆怯懦弱，习惯压抑情绪，对侵犯自己的行为选择隐忍、逃避。为提高本班学生识别校园欺凌的能力，树立明辨是非的观念，学会尊重和接纳他人，增强自我保护意识，特设计此次主题班会活动。

三、活动目标

1. 认知目标

形成科学的生活认知，了解何为校园欺凌、校园欺凌产生的原因，认清校园欺凌的后果。

2. 情感目标

树立平等、尊重、包容、多元的价值观，引导学生尊重、接纳各类人与事，减少欺凌行为的发生。

3. 行为目标

当面对他人攻击时能够用坚定理智的态度处理问题、化解危机，掌握应对校园欺凌的有效方法，提高防护能力，学会保护自我。

四、活动方法

案例教学、小组合作、现场路演、专家说法。

五、设计思路

根据本班学生的专业特点，以"对校园欺凌说'不'"为主题，开展海报创作比赛。学生通过自由分组，选定海报主题，分组搜集材料，完成海报创作，并在主题班会上分组进行路演，活动结束后展示海报，拒绝校园欺凌。

海报主题：什么是校园欺凌？校园欺凌产生的原因是什么？如何应对校园欺凌？校园欺凌带来的后果是什么？

六、活动准备

（1）人员分工：分组收集校园欺凌的相关素材、邀请家长。
（2）素材准备：海报纸、马克笔等。
（3）环境布置：铺贴海报等。
（4）场地准备：多媒体教学设备。

第二部分　实施过程

一、了解校园欺凌现象（6分钟）

以学生自拍视频以及电影《少年的你》《悲伤逆流成河》等片段引入，通过观看视频，了解校园欺凌是指发生在学生之间，一方蓄意或者恶意通过肢体、语言及网络等手段实施欺压、侮辱，造成另一方人身伤害、财产损失或者精神损害的行为。

设计意图：通过观看视频，让学生直观地了解校园欺凌现象。

二、海报创作小组路演（24 分钟）

四个海报创作小组分别围绕"什么是校园欺凌""校园欺凌产生的原因""如何应对校园欺凌"以及"校园欺凌带来的后果"开展资料搜集，说明海报创作意图，展示海报创作成果。

设计意图：学生搜集材料的过程，就是主动、全面、多角度调查、了解校园欺凌这一行为的过程，通过实地走访、网络搜索等多渠道的调查方式，学生可以全方位、立体地了解校园欺凌，同时掌握理性应对校园欺凌的方法，全面提升认知水平。

三、律师说法（5 分钟）

欺凌是对人权的侵犯，是一种错误行为。当与同伴发生冲突时，不应采取欺凌行为，而应采取沟通、协商等方式来解决矛盾；当看到欺凌现象发生时，应及时制止或干预；当自己遭遇欺凌时，应采取相应策略降低伤害，同时应积极取得学校、社区、执法部门等机构的支持和帮助。

设计意图：邀请家长（律师）从法律角度解读校园欺凌，重点说明实施欺凌行为需承担的责罚。提醒学生知法守法，引以为鉴。

四、班主任小结（5 分钟）

以《敬酒曲》作为班会结尾，引导学生接纳他人，正确处理情绪，学会保护自己，远离校园欺凌。

设计意图：《论语·子路》有云："君子和而不同，小人同而不和。"习近平总书记也多次提到"和而不同"的观点，以此引导学生理解和践行

"和而不同，美美与共"。

五、课后拓展

举办校园欺凌安全教育海报设计展。

设计意图：通过海报展示，使更多的同学全面了解校园欺凌这一现象，远离校园欺凌，助力健康成长。

六、课后反思

通过此次班会活动，同学们对校园欺凌有了更为科学、客观、具体的认知，更新了价值观，更加懂得尊重和接纳的意义——"和而不同，美美与共"；面对他人欺凌时学会用坚定理智的态度处理矛盾、化解危机，掌握应对校园欺凌的有效方法，保护自我。

为了完成海报的设计和制作，学生在搜集资料的过程中获得了许多关于校园欺凌的认知，也产生了自己的观念和想法；在共同设计海报的过程中，经过思想碰撞，又形成了更加多元的价值观。这比说教式的知识灌输更为有效，以后的班会活动可以继续借鉴这种方式。

相信学生，相信学生的能力，他们可以成长得更好。

人人参与、爱人人

——和谐友爱班集体的共建方案设计

贾慧咏

一、教育背景

2014 年 5 月 4 日，习近平总书记在北京大学师生座谈会上的讲话中指出："中华优秀传统文化已经成为中华民族的基因，植根在中国人内心，潜移默化影响着中国人的思想方式和行为方式。"

二、班情分析

本班是机器人专业三二贯通班，学生学习成绩优秀，能够积极参与各类社会活动，共建和谐社会。"扣好人生第一粒扣子"是教育的重要任务，班中大部分学生乐于助人，但也有个别学生以自我为中心，遇到其他同学有困难时不主动伸出援手，班级有活动时未能积极主动参与，班内、宿舍里也有捉弄、取笑他人，损坏公物、破坏环境等不良行为发生。

三、教育目标

（1）认知目标：合作友爱班集体的必要性和重要性。
（2）情感目标：得到同伴的认可，具备合作意愿和责任意识。
（3）行为目标：具备合作意识，明白自身责任，学会爱人人、爱集体。

四、活动准备

教师需设计方案，做好指导学生排练、制作视频等方面的准备。

学生需排练情景剧，分组制作 PPT，开展体验活动。

五、实施过程

1. 播放视频、引导学生观察视频中的场景

引导学生思考：小企鹅凭借什么战胜了困难？这些带给你的启示是什么？

活动目的及预期效果：让学生明白团队协作是可以战胜困难的，使学生对建设和谐班级有初步的认识。

2. 组织学生观看集体合作战胜困难的视频

活动目的及预期效果：通过视频让学生明白团队协作可以有效地帮助我们突破困境，激发学生的团队意识。

3. 开展"猴子捞月"体验活动并引导学生思考问题

（1）活动目标：小组在规定的时间内，不借助任何物体完成远距离取水的任务，距离最远的小组获胜。

①安全规则：半年内动过大手术、有习惯性脱臼的学生不能参加此项目。

②小组通力合作，依次从距离起点线 1.5 米的地方取到饮用水，每取到一次，可选择向前挪动一定距离，并以此作为下一个挑战目标。

③每人只有两次取水机会。

④小组成员在取水过程中，身体的任何部位都不能触及游戏区域，拿到水瓶后不可触地，否则视为犯规，矿泉水瓶将回退至前一个距离点。

（2）思考问题。

①小组活动中，你最大的收获是什么？

②你认为小组做得好的地方有哪些？

③你认为小组需要改进的地方是什么？

（3）分享活动感受。

通过团队体验活动，学生认识到团队协作的重要性，达成情感认同。

4. 为创建"'人人参与、爱人人'——和谐友爱班集体"做集体自画像

组织学生运用 AI 助手等信息化手段，为和谐友爱班集体画自画像。

学生通过头脑风暴、群策群力制订出活动方案，共同参与和谐班级集体自画像活动，从而增强责任意识，这是和谐班集体中人与人之间责任、担当、信任、互爱的最好体现。

六、延伸拓展

通过学习通平台制定班级公约并宣誓。

此活动旨在鼓励学生以实际行动创造和谐友爱的班集体。

有温度的管理妙招

班主任如何智慧应对学生带备用手机回校的问题

孟艳艳

[热点案例]

2021 年 1 月 15 日，教育部办公厅印发了《关于加强中小学生手机管理工作的通知》（教基厅函〔2021〕3 号），该文件指出，中小学生原则上不得将个人手机带入校园。确有需求的，须经学生家长同意、书面提出申请，进校后应将手机由学校统一保管，禁止带入课堂。虽然教育部下达了通知，但是考虑到中职内宿生的需求，学校没有明令禁止学生带手机进入校园。学校为了加强手机管理，每个教室都配备了手机保险柜，上课期间要求手机全部入柜管理，但还是有个别同学偷带备用机。这加大了班主任的管理难度，请问各位优秀的班主任，你们怎么看待这一问题？如果你们遇到了带备用机来课堂的学生，会如何智慧地处理呢？

[班主任支招]

学校已将手机管理纳入日常管理，分五步实行"手机禁入课堂"：第一步，发出"致家长的一封信"，告知家长禁止学生在教室内使用手机等通信工具。第二步，如果学生确实需要手机，家长须填写手机入校申请表。第三步，通过申请的同学需要按照德育处要求在手机背面贴好专用标签。第四步，通过申请的同学，按照学校要求入班即交手机给"手机管理员"，手机管理员每天上交两次手机管理表，将手机统一保管，存放至手机保险柜，做到手机禁入课堂。第五步，学生根据学校手机管理制度来规范使用手机，如有违纪，按照制度进行相应的扣分。

班主任针对学生带备机回校问题，应如何智慧地解决呢？经过工作室成员间的研讨，提出如下解决方案。

一、修订合理班规，清楚违纪成本

班规是在结合校规的基础上，为班级管理量身打造的规章制度，因此当班级出现问题时，班规要合时宜地及时更改，这样能够更好地发挥作用，让学生形成更好的规则意识。具体而言，可以先由班干部商讨、拟定初稿，如我带的电商191班班干部在商讨后提出：带备用手机回校，相应的德育分要扣30分，上榜班级"失信黑名单"两个月者，不能参与文明学生评比等。修改后的班规在班会课上经大家投票后通过并认真执行。建议班主任重视修改班规的仪式感，可以让每位同学签名通过，也可以按手印通过。这样会让学生更加重视班规的执行，在执行过程中，班主任要对班干部进行培训。班规，一定要严格执行，绝不可以出现徇私舞弊的现象。

二、进行个案诊断，制订"戒机计划"

尽管班主任的工作繁杂，每天要处理很多事情，但是学生的事情都是大事，须认真对待。每个带备用机回校的学生都应该有明确的原因，班主任们要耐心做好教育引导工作，发现学生违纪背后的缘由，根据不同的原因，进行个案的专业诊断，再采取不同的方式，推出不同的帮教措施，针对玩游戏上瘾的"手机控"，要帮其制订循序渐进的"戒机"计划。

三、丰富班级活动，激发参与意识

发动爱玩手机的学生，在班级组织开展"一起来 更精彩"系列活动，如读书会、桌游赛、辩论会、折纸赛等。活动不仅充实了他们的课余时间，也锻炼了他们的组织能力，激发了学生的集体参与意识，增强了班级凝聚力。

四、形成"正"舆论，多贴"优"标签

带有正能量的集体舆论，是班主任进行教育和学生自我教育的重要手段。一个班级有了正向舆论的引导，学生自然可以明辨是非，抵制不良现象。有智慧的班主任可以利用"标签效应"，给学生贴上专属他的"优"标签，并在班级进行宣传、表扬，发挥榜样作用，制止不好的言论和违纪现象的发生，慢慢地"正"舆论就会形成。

五、巧借家长力，共助其成长

家校共育才能更好地帮助学生健康成长，班主任要依靠家长的力量和信任更好地帮助孩子增强规则意识，让学生明白带备用手机回校，不仅会被扣德育分，而且某种程度上会让家长和老师感到你"失信于人"。班主任和家长一起引导学生认识到被人信任，是一种幸运；有人信任，是一种幸福。要努力端正自己的品行，维护自己的信用，珍惜别人的信任，永远不要做言而无信的人。

六、宜疏不宜堵，宜信不宜疑

班主任要智慧、理性地处理学生带备用手机回校的问题，让学生逐渐

增强规则意识，从而形成"讲诚信"的价值观。在引导教育学生的过程中，班主任要持相信他会改正的信念与其谈话，眼神既要严厉又要真诚，充满期望和信任；千万不要一发现学生带备用机，就用怀疑一切的眼神和语气与其交谈，这样的谈话往往教育效果甚微，甚至会适得其反。

班主任如何智慧教育喜欢
和老师唱反调的学生

郭　俊　孟艳艳

〔热点案例〕

本学期运动会开始前，就买班服的问题征求全班同学的意见，几个男生不断在下面说道："老师，我不想买，可不可以？"几经波折，家长们交钱购买了班服，先前那几个男生又说："老师，我不穿，可不可以？我们不想要统一的服装，真的很幼稚！"——班上总有那么几个喜欢跟班主任唱反调的学生，对于这样的学生，班主任除了高压政策外，是否有更好的解决办法呢？

〔班主任支招〕

针对班里那些喜欢和老师唱反调的学生，解决方案如下：

一、找根源　互接纳

学生与班主任对着干，其实根源在于学生对班主任有情绪，不愿意配合老师的管理。班主任想要一劳永逸地解决"刺头"，就应该找到问题根源。可以使用匿名意见书的形式，开诚布公地让班里的同学向班主任提意见，班主任以一个开放的态度接纳学生提出的各种问题，尽量转变自己的带班方式，让学生能够慢慢"喜欢"上班主任。

二、立班规　守规则

如果学生对班主任没有抵触情绪，单纯只是部分学生意见比较多的话，那可以用"约法三章"的形式来解决争议。例如：在班规中可以规定，任何班级的决议均采用少数服从多数的办法，一旦形成了统一意见，其他人必须无条件服从。在最终决议未形成之前，有权提出反对意见，但反对的同时要给出有效的意见，不能为了反对而反对，必须提出有建设性的建议。如果一个班级约定用这样的方式来解决争议，有意见的学生也会懂得要遵守规则。

三、建民主　促统一

班主任要多站在学生的角度考虑问题，案例中的班服是给学生穿的，最好由学生自己提出各种方案，包括颜色、图案、款式等，班主任只是扮演一个把关人的角色，尽量不要加入太多自己的观点，把选择权和决定权留给学生。学生自己提交几个班服设计稿后，再采用民主投票的方式选出大家最满意的方案，进而在班级形成少数服从多数的民主意识。

四、凝聚力　爱集体

任何一项集体行为不可能每个人都赞成，班主任在平时应该注重培养学生的集体意识，让学生明白在集体利益面前，可以暂时把个性放下，增强他们的集体荣誉感和班级认同感。一旦班级的凝聚力加强了，案例中的问题也就迎刃而解了。

五、爱班服　增班情

班服是一个班级形象的代表，班主任可以带全班同学穿着班服去做一些有意义的事情，如合唱比赛、校运会开幕式、班级活动等，拍下特别的、有纪念意义的照片。如果学生们看见班服就能想起全班在一起的欢乐时光，又怎么还会抗拒班服呢？

六、爱学生　莫声张

对于某些特殊情况，如面对家庭特别困难的学生等，班主任应该在学生入学之初就对班上学生的基本情况有了解，并且在与他们相处的过程中进一步深入。家庭经济条件不好的学生一般自尊心较强，班主任可以利用家委、班委的力量私下帮忙解决班服问题，最大限度地保护学生的自尊心。

班主任如何智慧解决学生安全问题

罗淑影　孟艳艳

[热点案例]

一天，班主任张老师收到其他班某同学提供的"线报"，说他们班某男生宿舍怀疑藏有刀具。张老师在晚自习后突击检查了该男生宿舍，经过仔细检查，发现在空调压缩机后面藏着一把刀，这让张老师捏了一把汗。经过排查与询问发现，这把刀是他们班某男生网购获得的，同宿舍的其他几个同学也都知道此事，但居然没有一个同学反映情况。幸好发现及时，没有造成安全事故。刀具属于管制用品，无论该男生出于何种动机，购置此刀都是不允许的。

[班主任支招]

校园安全关乎学生、家庭、学校和社会四个层面，因此班主任做好日常的安全教育、安全检查和安全防范工作显得尤为重要，应该把安全放在所有工作的首位。

经过工作室老师们的研讨，我们总结出以下的防范措施和可行性方法供大家参考：

一、加强学生的法治教育

利用班会课多向开展法治教育，用真实案例切入，加强学生的法律意识，扫除"法盲"，教育全班学生不能触犯法律红线，不然后果不堪设想。

二、引导学生远离网络暴力

当代学生受网络游戏和暴力电影的影响，会有意识地去模仿虚拟世界中解决问题的办法，因此，家长和老师要合力引导学生远离网络暴力，争当文明守礼学生。

三、密切关注心理健康，排查问题学生

要重点关注学生心理健康，排查问题学生，长期关注学生动态，发现端倪应及时进行心理干预或心理疏导，稳定学生情绪。心理问题情况严重者，班主任可积极寻求外界的帮助，消除安全隐患。

四、学生矛盾无小事

班主任的管理要面面俱到，做到轻重缓急和系统引导"两手抓"，尤其是学生的安全教育和矛盾冲突，班主任一定要走在最前面。不要小看和忽视学生间的每一个细微矛盾，小问题处理不好有可能会酿成大错。要让学生清楚教师是保持公正的，是他们的守护者，所有的学生矛盾，教师都是可以帮他们解决的。班主任只有给学生提供足够的信心，学生才不会用错误的方式来解决矛盾，我们才能为学生的平安和健康保驾护航。

五、加强学生公共安全教育，自我保护意识

要加强学生公共安全教育和自我保护意识，培养学生面临突发事件时的自救自护能力。一旦遇到安全事故，学生在确保自身安全的情况下要迅速作出自救反应，并第一时间报警求助。平时的安全预警教育做到流程清晰，方法正确，学生遇上突发情况时才有可能将危害降至最低，避免严重的伤害发生。

班主任如何智慧化解学生
和科任老师之间的矛盾

周　卓　孟艳艳

〔热点案例〕

某日，学校接到某学生家长的投诉，反映某专业老师上课时，叫错学生的名字，让学生当众受到羞辱。为此，不仅学生十分生气，当众与老师顶撞，家长也情绪激动，提出如果学校不能妥善解决，就要投诉至教育局。

〔班主任支招〕

学校生活是青少年成长过程中的重要组成部分，家长和教师因为学生这条纽带紧密联系在一起，共同组成了一种特殊的关系——家校关系。如何处理家校关系，构建家校教育共同体，营造良好和谐的教育环境，是家长和教师的永恒课题。

师生关系是指教师和学生在教育教学过程中结成的相互关系，包括彼此所处的地位、作用和相互对待的态度等。它是一种特殊的人际关系，是教师和学生为实现教育目标，以各自独特的身份和地位通过教与学而形成的多性质、多层次的关系。良好的师生关系不仅是顺利完成教学任务的必要手段，而且是师生在教育教学活动中的价值、生命意义的具体体现。

本次半月谈聚焦师生、家校问题，工作室的老师们开启各自的小宇宙，提供了许多有效建议，总结归纳如下：

一是先关注情绪，后处理问题。

众所周知，当一个人被负面情绪包围时，无论他人如何开导，他都听不进去，或者无心去听。所以，要想达到沟通的最佳效果，根据情绪优先处理原则，我们可先用同理心与学生和家长建立起良好的沟通关系，再着手处理后续问题。

二是取得家长信任，消除家校矛盾。

家长的情绪直接影响学生的情绪，问题发生的当下，为了更好地解决问题，当务之急是稳定家长情绪，待其心平气和之时，再做进一步沟通。班主任平时也要和家长建立良好的信任关系，一旦出现问题，让家长相信我们是会助其公平公正地解决问题的。

三是还原事实真相，化解师生矛盾。

经过多方调查，还原事实真相。与发生矛盾的双方分别沟通，找到最佳处理方案，同时可以在班上组织开展如何构建和谐师生关系的讨论和活动，为今后教育教学的顺利开展奠定基础。

四是运用积极语言，化干戈为玉帛。

教师运用积极语言，不仅会促进良好师生关系的形成，也会促进家长合作的和谐性，并对保持教师良好形象，良好的师德品质、良好的学校风气都有促进作用。

五是丰富家校活动，构建教育共同体。

工作室成员一致认为，家校沟通不只是遇到矛盾进行调解，而是应当防患于未然，建立长期有效的沟通机制。家校沟通包括学校对教育政策、理念的宣讲，沟通座谈、家访制度的建立，家长会、座谈会、家长信箱、校园开放日的设立，家校矛盾预案及应急处置等，双方应围绕学校教学、家长热点问题进行统筹规划，谋求沟通理解、彼此认同。一切都是为了学生获得更好的教育，构建教育共同体是大家恪守践行的信念。

"不忘初心、方得始终。"如何处理好家校关系和师生关系，需要我们每位教师恪守教育初心，增长教育智慧。期待师生相互理解，家校携手共育，一起为爱同行！

班主任如何智慧应对照片被学生
制作成表情包的问题

高嘉慧　孟艳艳

[热点案例]

新学年，潘老师接手了新班级，班风好、学风好、师生关系也和谐，唯有一个学生让他伤透了脑筋——小敏。小敏大大咧咧、毫不怯生，喜欢偷拍班主任，并给照片配上文字制作成表情包。这些表情包深受学生的喜欢，还得到了广泛的使用和二次创作。潘老师从教多年第一次遇到这种事，高兴自己受到了学生们的喜爱，却又感到有那么一点儿尴尬。

如果你是潘老师的朋友，你会如何解读这件事？你有什么感想或者建议想对潘老师说？

[班主任支招]

被学生制作成表情包，班主任该如何应对？

从工作室成员的精彩研讨中，我们惊喜地看到了各位经验丰富、充满智慧的班主任对案例的独特解读：

1. 抽丝剥茧看本质

照片被学生用作创作素材这件事并不罕见，每个案例都不尽相同，班主任应该正确理解这件事的底层逻辑，到底是积极的，还是负面的，抑或是无心的玩笑？清楚是哪种最终才能对症下药。

2. 见微知著辨风向

很多时候，学生把教师的照片制作成表情包并非出于恶意，如果班主任在学生面前表现出自己敏感、弱势的一面，反而可能给学生留下小气的印象，降低了亲和度。

纵然如此，如果放任不管，任凭表情包更新迭代，长此以往、此消彼长，恶性表情包将可能大量出现，这必然削弱班主任的威严。所以，经验丰富的班主任应该见微知著，做好预防工作。

3. 互尊互重划底线

班主任工作的重要课题之一，是塑造学生正确的"三观"和完整的人格。制作班主任表情包这件事，说明这些学生人际交往的边界感不强，班主任可以利用主题班会等方式，以此为题，引导学生明确人与人之间交往的底线，学会尊重自己、尊重他人。

4. 普法明理守公序

无论学生的动机如何，随意使用他人的肖像，都不符合《中华人民共和国民法典》的相关规定。生活在法治社会，学生应该趁早形成尊重他人肖像权的意识，未经他人同意不得随意使用、修改他人肖像，更不能丑化、污损他人肖像。班主任可以抓住这个契机，对学生做好普法工作。

班主任如何智慧处理顶岗实习期间
学生遭遇"被加班"

冀殿琛　孟艳艳

［热点案例］

三年级学生顶岗实习面试时，企业代表说学生实习是自愿加班，也不会上夜班，学生满心欢喜地前往企业实习。随着生产旺季的到来，每条生产线都在赶任务，自愿加班也几乎不存在了，学生虽有抱怨，但一直坚持着。后来，企业决定要实行白班、夜班倒班制，有些学生被安排上夜班，学生和家长都表现出不满的情绪，认为这样上班对学生的健康有很大的影响。而企业也表达了难处，因为实习学校来自几所中职学校，如果同意这些学生不上夜班，那该如何向其他学校的学生交代？如果你是班主任，你该如何处理？

［班主任支招］

顶岗实习问题一直是让毕业班班主任最担忧的问题，因为涉及企业、学校、学生及家长多方面的沟通，也涉及学生的安全问题，中专生在工厂实习期间曾出现自杀事件，引起了社会关注。所以，实习期间班主任的工作任重而道远，一定要做有温度的德育，让学生感受到班主任对他们的关怀。教师不仅要关注学生的安全问题，学生的心理状况也是要时刻关注的重点。经过我们工作室老师们的研讨，针对上述案例现给出以下解决方案：

1. 积极构建中职顶岗实习期间劳动权益保障体系

根据 2022 年教育部等八部门制定的《职业学校学生实习管理规定》第十四条规定，"学生参加岗位实习前，职业学校、实习单位、学生三方必须以有关部门发布的实习协议示范文本为基础签订实习协议，并依法严格履行协议中的有关条款"。第十七条规定，"未满 16 周岁的学生参加跟岗实习、顶岗实习，应取得学生监护人签字的知情同意书"，"除相关专业和实习岗位有特殊要求，并事先报上级主管部门备案的实习安排外，实习单位应遵守国家关于工作时间和休息休假的规定，并不得有以下情形：……（三）安排学生加班和上夜班"。带实习班的班主任要熟悉这些保障实习生的管理规定，按照规定要求保障学生的权益。顶岗实习前要注意和企业签订合同，且留意合同的严谨性，为了避免实习纠纷，合同签署时要认真研读条款，有必要让驻校律师审阅后再签字。讲法规和签合同是学生实习前一定要落实好的保护屏障，班主任一定要站在保护学生的立场来协助学校处理相关事宜。

2. 关注实习生的心理健康，做学生实习期间的暖心人

学生刚从学校步入实习单位会有一段适应期，一旦学生面临被加班或者被企业部门管理者批评的现象，班主任就是学生最先想到能够寻求帮助的人，因此班主任不应不理解学生，一味地靠冰冷的处分给学生心理继续施加压力，而应该从生活上给予关怀，在精神上给予鼓励，让学生能够形成吃苦耐劳的劳动精神。

3. 耐心细致地做好家校沟通工作，做家长信任的班主任

目前，大多数的家长对锻炼孩子的吃苦耐劳精神持赞同态度，但这是在不影响身体健康的前提下，此时，班主任要站在家长的角度考虑家长的感受，理解他们的心情，让他们明白班主任是会站在他们的立场去解决问题的。与此同时，班主任要尊重学生的选择，对愿意加班的学生，为他们争取提高待遇，争取最大福利，保护学生权益。

4. 积极主动做好校、企、家、生的沟通，搭起学生实习期间的彩虹桥

班主任要做好企业、学校、家长、学生之间的相互沟通工作，遇到问题及时沟通与反馈，在保障学生的权益不受影响的前提下尽量保持家、校、企三方平衡。让学生顺利地从"职业菜鸟"过渡到优秀的"准职业人"。

班主任如何智慧化解家长与青春期学生之间剑拔弩张的亲子关系

杨伊纯　孟艳艳

〔热点案例〕

班里小刘同学在校表现尚可，但回家经常熬夜玩手机。父母一劝说，小刘就发脾气闭门不出，学也不想上，要等他哪天心情好了再回校，并威胁父母若将实情告知老师就跳楼。父母生怕他真的这样做，跟老师沟通时要求老师不能提及此事是从父母处得知的，但又要求老师帮忙教育孩子，这让班主任处理起来十分棘手，应该如何处理呢？

〔班主任支招〕

面对家长的溺爱，青春期剑拔弩张的亲子关系，作为班主任该如何处理？经过工作室老师们的研讨，现总结出以下解决方案：

1. 讲规则　明制度　守约定

针对学生已出现的旷课问题，班主任应该跟进教育。明确学校的相关规定和管理，用校纪校规和《中等职业学校学生公约》约束学生的行为，尽量杜绝旷课情况，也让学生为自己的行为负责。

2. 心沟通　善鼓励　增自信

对于一年级新生来说，班主任还存在神秘感，我们可以借机走进学生的内心世界，有时候学生对家长的不满也会表现为不愿意跟家长沟通，教师可以通过了解，掌握学生的内心感受，据此再想对策和方案，也可让学生多参加班级活动，找到闪光点，增强自信心，让学生成为阳光自信的人。

3. 守底线　多交流　增感情

通过沟通，理清家庭教育问题的症结所在。从沟通中了解到在家庭教育方面的无力感和单一性，推测家长在日常教育子女的过程中，可能是因为缺乏原则才出现这类情况。首先，我们要用家庭教育知识引导家长学习如何建立家长威严。其次，跟家长分析纵容孩子可能产生的后果，青春期的孩子在思想上会逐渐成熟，我们不应该被他威胁，而是要立场鲜明，在建立良好亲子关系的前提下开展人生教育。最后，需要家长及时更新家庭教育观念和方法，做了解自己孩子、能够正确引导孩子的父母，并增加亲子交流的机会，根据学生的兴趣爱好开展家庭活动，增进家庭成员之间的感情。

4. 巧引导　多陪伴　防沉迷

手机很多时候是学生交际的一种重要渠道，需要对学生使用手机给予正确引导。学生沉迷手机可能是由于内心孤独，是不想面对家长的一种逃避方式。家长在家中要以身作则，在家不玩手机，多陪伴孩子进行一些他们喜欢的活动。鉴于小刘在学校的表现，班主任可抓住一些教育契机，分配一些任务给学生，让其发现手机更有价值的用处，在完成任务中体现自身价值，从而形成健康向上、开朗豁达的生活态度，最终助力亲子关系的改善。

5. 开班会　学沟通　懂感恩

与父母沟通不畅是个带有普遍性的问题。班主任可以以此为主题，开展主题班会活动，引导学生学会处理问题的方法。告诉学生我们无法选择父母，家庭中也不可能永远没有矛盾，只有学会处理问题、解决矛盾，才能拥有幸福人生。与此同时，通过系列班级活动让学生懂得珍惜生命、明白生命的意义，也懂得感恩父母赋予自己的一切。

班主任如何智慧调整班干部队伍

郑晓娥　孟艳艳

［热点案例］

每个新学年初，我都会调整班干部，但是每次调整我都很纠结，因为总有些班干部在自己的岗位上干得不好不坏，自己很愿意做班干部但又不认真做，做事敷衍，请大家一起想想办法如何在不打击学生积极性的前提下调整不给力的班干部？

［班主任支招］

班干部不仅是班主任做好工作的得力助手，而且是班级舆论和风气的导向者、同学关系的协调者和维系者，优秀的班干部是其他同学学习的榜样，能更好地发挥朋辈效应，有利于班集体活动的开展和协助班主任做好班集体工作。但如果在带班过程中遇到案例中的班干部，班主任又该如何智慧处理呢？

经过工作室老师们的研讨，总结出如下解决方案：

1. 深明其位，善谋其政

组建班干部队伍前先建立完善有效的班干部管理制度，并且和班规一起经全体同学的讨论和学习后，让学生熟知管理制度，明白班干部的具体职责。班干部选举时，班主任可以设置问卷星，并注明职位对应的职责，让学生根据自己的能力竞聘合适的职位，做到"明其位"。班干部组建后，班主任要进行一系列的班干部培训，让班干部懂得如何高效地完成自己的任务，为班级管理奉献自己的力量，做到"谋其政"。

2. 反躬自省，促其成长

班干部要有"反躬自省"的勇气。只有学会自省，才能始终做到"守规矩、明底线、知敬畏"。开班干部会议时班干部要作工作小结，并定期述职，让班干部全方位反思自己的工作。在班干部汇报后，班主任要和班干部逐个谈话了解工作，用积极的语言给予学生引导，鼓励班干部做得好的地方，纠正做得不到位的地方。班干部只有具备了"反躬自省"的勇气，并真正将自省化为完善自我的手段，才能塑造班干部的良好形象。

3. 轮岗机制　燃其斗志

班主任要用有温度的教育方式来进行班级的日常管理。对于案例中"在其位不谋其政"的班干部，如果班主任已经对其进行了耐心细致的培训和教育引导后，他还是以同样的态度对待班内事务的话，那就要私底下找其谈话，让他有危机意识，并另外找一个责任心强的同学和他轮流担任该职务，形成良性竞争机制。背后教育既可以保护好学生的自尊心，也可以维护班干部的威信，给予学生改正的机会。如果轮岗还激不起学生的担当意识，那就按照班干部管理制度给予岗位调整，让学生清楚"无担当，无以立"。如果学生事后态度有所转变，班主任要善于抓住这一转变的契机，再次给予机会，让其担任其他职位的班干部，用教育的温度来保护学生内心的热度。

班主任如何智慧应对校园欺凌的问题

刘焕芳

〔热点案例〕

杉杉（化名），职中一年级学生，她在班上沉默寡言，独来独往。班里同学喜欢开她"玩笑"，只要杉杉一开口提问，班里同学就会笑话她。更有甚者，会拉杉杉进群肆意对其辱骂，并曝光她以往的糗事，群里30多个同学，或冷眼旁观，或附和嘲笑，没有一个同学出来为她伸张正义。

腾讯QQ曾发起一次校园欺凌样貌调查：36 000名网友参与调查，超过一半的人表示经历过校园欺凌，其中有1/4的人欺负过他人，而大部分人只是旁观者。

校园欺凌事件比我们想象中还要普遍，我们所能看到的数据仅仅是冰山一角，还有很大一部分校园欺凌事件并没有走进公众的视野，因为有更多的学生在遭受欺凌后选择了沉默。这些学生很长一段时间都会因被欺凌的经历而焦虑、自闭、抑郁，甚至想自杀。

请问各位优秀的班主任，你们怎么看待这一问题？如果你们遇到了被校园欺凌的学生会如何智慧地开导呢？

〔分析研讨〕

一、深刻认识校园欺凌的表现形式

我们首先要对校园欺凌的相关知识有深刻认识，尤其是那些较为隐晦的欺凌方式。比如：①言语欺凌。通过骚扰、辱骂性语言对他人进行伤害，如当面或背后羞辱、讥讽、嘲笑、诅咒、起外号等。②社交欺凌。故意破坏同学之间的关系，如散播谣言、暴露他人隐私、损毁他人形象、孤立排挤他人等。③网络欺凌。通过数字平台，如社交网站、聊天室、博客、即时消息应用程序和短信，以文本、图片或视频等形式发布电子信息，意图对他人进行骚扰、威胁、排挤或散布关于他人的谣言。

二、改变对校园欺凌的错误认知

这些错误的认知，例如：针对被欺凌者的谬见，他们被欺负是活该，是个失败者；他们确实让人讨厌，他们的行为让人发笑……其实被欺凌者与其他人一样，都拥有被尊重的权利。

〔班主任支招〕

如何解决校园欺凌的问题？

面对这个问题，在学校管理方面，学校可制订具体的校园欺凌预防与干预实施方案，在校园倡导并营造一个制止暴力行为和培育团结精神的环境。

经过工作室老师们的研讨，结合学校应对方案，总结出如下的解决策略：

一、日常要注意观察学生个体

班主任平时要注意观察学生，看其是否有校园欺凌的迹象，如明显的身体外伤、个人物品经常丢失或损坏、人际交往中的胆怯畏缩、成绩下滑严重，逃学或想转学、情绪异常、自伤、自杀等。

二、教学中宣讲校园暴力的危害，让学生明确行为界限

利用班会课、讲座等方式告知学生，暴力事件一旦发生将对自己以及他人造成危害，重点强调严重的后果是任何学生都无法承担的。

对于校园欺凌行为严重者，除了刑事责任外，欺凌者还可能承担民事责任和行政责任。根据《中华人民共和国民法典》，人格受到侵害的，受害人有权请求行为人承担民事责任。此外，公安机关可以根据《中华人民共和国治安管理处罚法》和《中华人民共和国未成年人保护法》对欺凌者进行处理。

三、公平对待每位学生

无论学生的成绩高低、表现好坏，老师都要平等对待，充分尊重每一个学生。对于学生的求助，给予及时、正确的重视与响应，不能抱着大事化小的态度来处理。

四、设置班情联络员，及时了解班级动态

确定多名班情联络员，及时跟老师汇报可能存在发生暴力事件的现象。

五、当欺凌事件发生时，老师要掌握应急处理方法

行之有效的应急处理方法包括：

（1）立即制止欺凌行为。

（2）检查被欺凌学生的身体情况，将其转移到安全的环境。

（3）和学生进行沟通，了解事情发生的前因后果，稳住学生情绪。

（4）帮助学生寻找专业的心理医生，进行危机评估和情绪疏导。

（5）上报学校、与德育线领导共同制订干预计划，全面保障学生的安全，避免类似欺凌事件的发生。

（6）若欺凌事件非常紧急或严重，可打电话报警。

六、适时开展针对性疏导工作

当欺凌事件发生后，老师面对被欺凌者、欺凌者与旁观者要有针对性地开展辅导工作。

1. 对欺凌者的辅导工作

（1）对于欺凌者的不合理行为，老师可以采取相应的惩罚措施。让欺凌者认识到其行为的不当之处以及应承担的后果。

（2）帮助欺凌者改变消极、偏差的认知，教会他们合理的人际交往策略，与同学建立良好的互助关系。

（3）帮助欺凌者反思自我，学会控制情绪，学会换位思考。

2. 对被欺凌者的辅导工作

（1）为被欺凌者提供适时的心理疏导。

跟被欺凌者学生交谈时，明确地告诉学生："这不是你的错。"

（2）帮助被欺凌者重新获得安全感。

向学生明确表达对校园欺凌的零容忍态度，为被欺凌学生提供足够的关爱和支持。

（3）获取家长的支持。

加强与家长的沟通与交流，鼓励家长主动加强与孩子的交流，给学生提供更多的关爱和支持，与此同时，家长要及时与老师分享学生的动态。

（4）探讨人际交往边界与自我防护技巧，提高被欺凌者的防范能力。

（5）关注被欺凌者的长远发展。

鼓励学生积极参加班级活动与社会活动，提高被欺凌学生的社交能力，建立人际自信。

3. 对旁观者的辅导工作

（1）进行干预，让旁观者意识到旁观行为的危害性。

（2）鼓励旁观者向欺凌行为说"不"，同时注意保护好自己。

（3）教导旁观者对被欺凌者给予适当的帮助。

班主任如何智慧培养学生的劳动意识

苏晋致

［热点案例］

经常会听到班主任反馈，班上有学生经常性迟到、做清洁不主动、自己的书桌乱七八糟、粗心大意……班主任和家长在沟通中也发现，有的学生的作息不规律，家长并没有实质性地去引导孩子，学生平时在家里也很少进行家务劳动，没有形成劳动的意识，虽然父母平时口中经常说，但基本都是代劳。针对这样的学生，我们该如何纠正他们不良的行为习惯，培养其劳动意识？

［班主任支招］

习惯是后天形成，但又集中而准确地体现着人的天性。帮助学生养成良好的习惯，从某种程度上说，就是助其创造幸福完整的人生。但想要改掉学生一个不好的习惯，并非一朝一夕的事情，一般情况下，坏习惯无法立即改正，只要学生的不良行为在减少我们就要给予肯定，同时，无论养成一个好习惯还是改正一个坏习惯，都需要我们进行及时的评估。

班主任如何做好管理工作呢？经过工作室老师们的研讨，总结出如下解决方案：

一、统一思想、提高认识

在该问题上要和家长、学生统一思想，提高认识。引导学生对养成某个习惯产生认同、兴趣和信心。在我们惯性的思维下，口中的好学生一定是有好习惯的学生，而有问题的学生一般都是或多或少有坏习惯的学生，所以，一个坏习惯可能使人丧失良机，而一个好习惯则可能使人走向成功。例如，因为迟到、不讲卫生等行为，会导致班级扣分，这除了影响个人，还会使班级荣誉受损，如果我们不及时认识到该问题，久而久之，有这种行为的人将会慢慢地不受欢迎，人际关系也会变差。

二、严格要求、明确规范

明确行为规范，即让学生清楚养成某个良好习惯的具体标准。制定合理的规章制度，同时该制度在制定的过程中，要让学生参与，让他们积极讨论、表态，使整个过程成为学生认同内化规章的过程，规章的认同度越高，对学生的约束力就越强。即使学生的行为出现偏差，老师对其进行对照处理，他们也会悉心听从、心悦诚服。

三、抓住征兆、消除萌芽

学生的不良行为不是一下子形成的，起初总会有苗头、有征兆。因此，教师要提高教育的意识，留心观察，仔细分析，及时发现，把问题消除在萌芽状态。比如，骄傲自大的学生，可能是在第一次做好事后受到了过多的表扬、奖励，而没有接受谦虚谨慎的教育，所以显得得意扬扬。学生品德不良行为的产生往往出现这些现象：不爱学习、厌烦做作业、学习时走神、发呆；放学后不按时回家，喜欢上街闲逛；穿着奇装异服；常常带扑克牌在身上，言行、性格突变；对信件、电话、教师的来访，或大人的谈话特别敏感等。教师若能对学生的以上行为迹象有所发觉，给予高度重视并对学生积极进行教育引导，就可以预防学生更多不良品德行为的发生。

四、善于发现、正面教育

在行为习惯不好的学生身上也有积极的一面，也有闪光点。他们仍然向往美好未来，得到表扬、肯定时也万分欣喜。因此，作为教师应敏锐地观察学生的积极行为，指出其闪光点，如有的学生不爱学习却爱劳动，有的学生虽然一时违反纪律但很守信用等。在这样的情况下，我们要不失时机地加以表扬、鼓励，激发学生积极向上的意识。对他们进行正面的教育，提高其道德水平、增强其明辨是非与善恶的能力，让学生具有区分和辨别是非善恶的意识，进而帮助他们形成正确的道德观、价值观和人生观。

五、坚持不懈、逐步提高

要坚持不懈地进行行为训练，让学生由被动到主动再到自动，养成良好的行为习惯。纠正坏习惯的过程中往往会出现反复，这是难免的。要知道，学生的进步不可能是直线上升的，而往往是迂回曲折、螺旋式上升的。例如，有的学生曾经常打架斗殴，经过老师、家长的多次谈心和引导，认识到打架的危害后，有两个月不再打架，而后又出现过一次打架（在劝架过程中出现的），虽然打架行为发生了，但性质与以前大不相同。所以老师要特别谨慎，决不能气馁或放弃教育，应该紧盯学生同一错误行为的反复出现，找出反复的原因，在反复中前进，寻找积极因素，坚持不懈地提供帮助。

六、及时评估、奖惩共济

对于学生的每一个行为要及时进行评估，让其在成功的体验中养成良好的行为习惯。做得好的，应该按照共同制定的规章制度给予奖励；做得不恰当的，也不要单纯地事后批评，批评虽然维护了制度的权威，但是往往会使犯错者不知所措，批评只会告诉学生不应该做什么，而没有告诉学生如何做才能弥补错误行为造成的后果。教师若信任学生、宽容学生，恰当地鼓励、表扬学生，不仅能使学生明确"该做什么、不该做什么"，而且能帮助、督促、启发学生纠正自己的错误，引导学生主动改正不良行为。

班主任如何智慧帮助学生摆脱低落的情绪

陈美苑

[热点案例]

那年春节后，小锋同学持续出现整天沉闷，完成不了每天的健康打卡、网课学习任务的情况。几次电话家访后，家长终于说出真相：最近父母不和，经常激烈吵架，导致他忽然变得情绪很低落，在家躲在房间不肯出来，不讲话、爱发脾气、焦虑、紧张。

得知情况后，我马上向学校德育处领导报告情况，学校决定让他返校，注意观察；我还打电话请教了学校的心理老师，认真听取心理老师的分析与建议。

[班主任支招]

发现问题后，首先要分析问题。我到小锋家家访，深入了解小锋的家庭情况，得出他情绪低落原因有二。

一是家庭原因。小锋的父母均是小学文化程度，年纪比班上其他同学家长稍长，平时较少与孩子沟通，小锋在家较为沉默。近期父母因家事吵架，没有注意避开孩子，导致孩子内心烦闷、害怕又不知如何表达。

二是个人原因。小锋学习基础偏弱，在上网课期间，有些课听不明白，课后没法按时完成作业，时间长了便产生了自卑、焦虑的心理。

针对这两个原因，我和同事商讨后，给出如下的解决方案：

1. 引导家长，多加鼓励

与家长分析小锋情绪低落的原因后，我提出，请家长注意避免在孩子面前争吵，平时多关爱、留意孩子，学会及时赞美、鼓励孩子。如遇孩子情绪激动自己不知所措，请家长及时联系班主任或学校心理老师。

2. 班干助力，助其释压

为保护小锋的隐私，我们没有在班上公布他的情况，但安排了一名有爱心、负责任的班干部，在平时尤其是午休时间多留意小锋，多关心他，想办法跟他聊一些学习、生活中有趣的话题。一段时间后，小锋开始主动跟同学交流。

3. 在阅读里，接纳自己的缺陷

我挑选了几本杂志送给小锋，并鼓励他："读书就是在读自己，多读书，才能明白自己，接受自己的缺陷。"小锋不太爱看书，我就利用自习课时间，找出一些比较轻松的文章，引导他阅读。有一次，读到一篇关于曾国藩的文章，我跟他聊曾国藩那句"花未全开月未圆"，并引导他理解这句话的含义，花一旦全开，马上就要凋谢了，月亮一旦全圆，马上就要缺损了，残缺也是一种美。小锋就像一朵刚要开始绽放的花，还没有全部开放，当然不是最完美的时候，但未全开的花、未圆的月，是使人心中有所期待、有所憧憬的最美状态。

我在随后的交流中告诉小锋，每个人都是有缺陷的，包括老师、家长，但我们要学会欣赏自己的"花未全开月未圆"，接纳了自己，才会遇见更好的自己。小锋似懂非懂地点点头，皱着的眉头慢慢舒展。之后，随着他课外阅读量的增加，其脸上的表情也慢慢轻松起来，这一系列的变化在告诉大家：他已经开始接纳自己。

4. 坚持"STOP"练习，控制情绪

为了进一步帮助他"停"息坏情绪，释放压力、减轻焦虑，结合心理老师的建议，我尝试和心理老师一起教小锋进行"STOP"练习：当感觉自己不开心时，要做到 S、T、O、P 四步。

S（Stop）：暂停，暂停思考与做事、说话；T（Take a break）：呼吸，

多做几次缓慢而深长的呼吸，调整呼吸节奏；O（Observe）：觉察，检查自己的状态，感知内心的想法，自我察觉究竟是什么扰乱了内心；P（Proceed）：继续，继续做正在做的事情。

我鼓励小锋每天尝试做"STOP"练习，检查自己的状态。在校期间，我们留意到他的情绪是稳定的。

5. 课后辅导，赞扬提升自信

我教授该班"机械制图"和"职业素养"两门课，课后我常辅导小锋功课，在他理解一个小小细节时，及时赞扬他，鼓励他按时完成作业。

返校后第三周，班干部告诉我，当天中午午睡前，大家说了一个笑话，平时都不笑的小锋笑了，后来也陆续见到他脸上露出笑容；从返校第四周起，小锋能自己按时完成作业；在"职业素养"课上，他能主动参与班级活动，并承担较重要的角色；通过电话家访得知，小锋在家已能与家长正常沟通，并承担了饭后洗碗等家务，同时仍需遵照医嘱，按时吃药。

老师的爱是教育问题学生的前提，在教育过程中，发自内心的、充满爱的赞扬，能带给学生走出抑郁的信心和力量；每个人都能成为管理自己心理健康的积极参与者，无论有多大的困难或紧张，都可以发掘自身以更平衡和宁静的方式体验每个当下的潜能。

班主任如何智慧帮助学生树立时间观念

陈美苑

[热点案例]

中职一年级的新生，在他们"不露声色"的外表下，通常藏着各种小问题。班上小梁同学，外表文静，但仔细观察，很快就发现他存在时间观念不强，做事缺乏目标，做事拖沓、经常迟到，学习效率较低的缺点。

[班主任支招]

经过谈话、家访，我了解到他缺乏时间观念的主要原因有：

一是家庭原因。父母属于易怒型家长，对孩子的教育不够上心。

二是个人原因。中考后小梁未能如愿考入高中，由此一度失去目标，表现出自暴自弃的倾向。

三是氛围原因。班级同学来自不同的中学，起初入校时几乎都不认识，这让他缺乏归属感，同时，班级未形成积极向上的学习氛围。

经过分析，我们进行了针对性讨论，给出了如下解决方案：

改变其认知观念，首先让个体意识到做事拖延的危害，引导其展开理性分析，注重长远目标，明白及时完成任务的重要性，帮助其建立完成任务的内驱力，培养时间观念，克服自身的懒散惰性，从此改变态度，从思想和行动上改变拖延的毛病。

1. 直观活动，改变认知

贴近生活、贴近学生实际的活动。游戏，总是特别容易吸引学生，教学中可充分利用游戏，帮助学生改变认知。我首先组织全班同学一起玩"撕纸游戏"，游戏规则如下：

假如个体的生命处于 0～100 岁的某个阶段，用一张白纸象征这100 年。

（1）准备一张纸条，将它 10 等分。最左边空白处写上"生"，最右边空白处写上"死"。

（2）问题 1：请问你现在多少岁？把相应的部分从前面撕掉，放在桌上。

问题 2：请问你想活到多少岁？请将这个岁数后面的部分撕掉，放在桌上。

问题 3：请问你想多少岁退休？请把退休岁数后的部分撕掉，放在桌上。

问题 4：请问你如何分配一天 24 小时？一般人通常睡觉 8 小时，占了一天的 1/3；吃饭、聊天、看电视、玩游戏，又占了多少？真正可以有意义地学习、工作的时间，可能只剩下 1/3，把剩下的部分三等分，并把 2/3 的部分撕下来，放在桌上。

问题 5：左手拿起剩下的 1/3，右手把退休那一段和刚才撕下的 2/3 加在一起，并思考：你用左手的 1/3 提升自己、学习、工作赚钱，支持自己另外 2/3 的时间来吃喝玩乐及退休后的生活。

问题 6：你要把自己变成什么样、存多少钱，才能完成自己上述的生活计划，还有赡养父母、抚养子女等。

问题 7：请问对此你有何感想？

问题 8：请你想象一下，自己的未来是什么样的？

在这个游戏后，我看到小梁同学左手拿着所剩无几的纸条，右手拿着一堆繁杂的纸条，若有所思。我让同学们畅聊感想，接着布置了周记任务《我要的未来》让大家在游戏后及时思考。

2. 制定目标，促进行动

学生缺乏时间观念，主要是因为缺乏目标，我与小梁同学谈心，向他讲解了 SMART 法则，引导他树立具体的、可衡量的、可达到的、和大目标相关的、有时效性的目标。让他畅想未来，预测自己的目标该如何实现，将大目标分成若干个小目标。约定达到目标的时限，制定衡量标准和行动打卡制度。我看到小梁同学眼里多了一丝豁然开朗。我引导他把平时要做的事情都先列出来，然后将它们按照重要紧急、重要不紧急、紧急不重要、不紧急不重要分类，有序执行。

3. 家校沟通，赢得信任

学校教育，必须以家庭教育为前提，在家庭教育的基础上实施，争取家庭教育协同开展。小梁同学初定了目标后，我进行家访，与他父母进行了深入交谈，达成一致，家校共育，共同帮助小梁同学达成目标，并请家长以平和、委婉的方式对小梁进行督促和鼓励。家访赢得了家长的大力赞赏与支持，平时我通过微信与家长保持沟通，为鼓励家长以身作则，我建立了一个由我和小梁父母组成的微信群，经常在群里反映小梁同学的进步表现，渐渐地，家长也在群里发表自己的想法，认可小梁的进步，通过多次的沟通，我赢得了家长的信任与支持，接下来的教育工作变得顺畅起来。

4. 以点带面，营造氛围

一个良好的氛围，可以带给学生更多的积极性、动力和信心。我通过小梁的例子，在班级展开目标教育、时间管理教育，让全班同学设立目标，并设阶段性评比和小结，在班级中形成你追我赶的积极氛围。

黑格尔曾说："青春是生命中最美好的一段时间。"作为教师，帮助青春期的学生学会时间管理，在一定程度上就是教会他们热爱生命。

班主任如何智慧高效改变后进班

陈美苑

[热点案例]

学校的后进班或多或少会存在学生目无尊长、不听教导的情况……我曾接手一个后进班，该班为全男生班。班上有的学生贪玩好动、纪律意识淡薄，在学校班风评比中常是倒数第一。

遇到这样的班级该如何管理呢？

[班主任支招]

通过观察，我了解到该班存在几个颇具号召力的"头头"，他们经常带头打闹、顶撞老师，其他部分同学喜欢跟风，导致了不良班风。之所以出现这样的情况，主要是学生对班集体缺乏信心，缺乏集体荣誉感。

改变后进班，首先要建立家长、学生对班级的信心，让学生感受到来自集体的爱，让精力旺盛的学生能发挥自己的长处，继而培养班级凝聚力。具体有以下三个步骤：

1. 用心观察，后发制人

我第一次走进这个班级时，教室里一片嘈杂，站上讲台时，我完全被无视，学生没有半点收敛。我默默地观察他们，留意哪几个学生声音最大、聊的内容为何，判断哪几个是他们的"头头"。等他们聊累了，稍微安静下来，我冲他们笑笑，做了简短的自我介绍，其中一个"头头"不屑地"哼"了一声，然后继续大声聊天。第一天就这么"平静地"过去了。

第二天早操时间，发现班级队伍只有一半人，我问体育委员其他同学在哪儿？回答是在教室吃早餐。早操结束后，我站在教室后墙边，平静地说："刚才没有出操的同学，请到讲台上让老师认识一下。"二十来个学生，陆陆续续地站起来，嘻嘻哈哈地走到讲台上。我依然保持沉默，等他们笑累了，我轻描淡写地说了一句："明天开始，不能再有人无故不出操。"说完就离开教室了，留下摸不着头脑的学生在教室里"凌乱"。因为他们不知道我葫芦里卖的是什么药。第三天的早操，全班学生齐刷刷地站在操场上。出完操我让全班留下来，用赞许的目光，大力表扬全班同学准时出操，并郑重地告诉他们："在以前，我们的班风考评在全校是倒数第一，这只能说明我们的上升空间是最大的！今天开始，我和大家一起，打造优秀班集体！"学生那愕然的表情里又有了一丝兴奋。

2. 用人所长，活动育人

在开学的几天里，我从学生的聊天中判断出那几个"头头"篮球都打得很好，班上喜欢打篮球、看篮球比赛的同学较多。于是，我找他们几个坐下来，肯定了他们的高超球技、极强号召力后，与他们探讨如何在班级成立一支篮球队，由他们担任管理人员和教练。几位"头头"立刻认真地思考、讨论起来。我表示一定大力支持班级篮球队的建设，并提供篮球、约定练球时间。"头头"们非常高兴，回到班级，马上组织起两支队伍，让他们利用体育课、大课间训练篮球，继而大张旗鼓地组织了"班BA"。我帮他们与别班同学"约赛"，每次比赛后，及时总结、给球场精英们颁发奖状，让"头头"们上台分享自己的比赛心得。另外，利用班会课组织小游戏，我融入班级，营造快乐的氛围。在一次次的活动中，班级同学看我的眼神里，少了不理睬，多了信任。"头头"们也由篮球队管理人员，变成班级管理人员，井井有条地执行了各项班务。同学们开始喜欢主动与我交流，班级凝聚力逐渐形成。当班级凝聚力形成后，学生自然会爱上自己所在的班级，继而约束自己的言行。

3. 勤于沟通，家校共育

完善的家校共育，能更好地促进学生健康成长，班级管理工作，必须有家庭教育的紧密结合。从接手班级开始，我每周到几个学生家里去家访，了解学生的成长背景，对家庭教育提出建议。对全班同学进行完家访后，我召集家长们到校参加家庭教育论坛，让他们畅所欲言、交流教育心得。通过与家长们的深度沟通，我增强了家长对班级的信心，取得了他们的支持。

在取得学生、家长们的信任与认可后，班级管理工作变得顺畅起来。在全班同学的共同努力下，该学期，班级在学校组织的所有活动中均取得优异成绩，在学期末的综合考评中，班级被评为"先进班集体""优秀团支部"。

老师需要用自己的光，让迷茫的学生和家长看到希望，只有当他们看到希望，才会产生改变自己的动力，继而凝心聚力，形成良好的班风。

班主任如何智慧管理让科任老师
"头疼"的学生

冀殿琛

[热点案例]

每个班级或多或少都会有这样的学生，上课要么拉着几个人说话，要么睡觉，作业也从来不交，让多个任课老师都感到头疼，不断来找班主任投诉。学生对自己的行为不以为然，甚至认为中职就是这样"修心养性"的。我曾遇到这样一个问题：开学才一个多月，就已经接到了无数次来自任课老师对小邓同学的投诉，认为他课堂表现极为不好。找到小邓同学，我本想推心置腹地和他聊聊，结果还没等我张嘴，小邓先发制人："老师，您不用费劲和我讲道理。不就是读个中职嘛，做得再好也是被人瞧不起，您也不要对我有太高要求，以后我会注意装得好一点儿，咱们互不为难。"说完竟扬长而去。

如果你遇到了这样的学生会如何处理呢？

每个问题的背后都有一定的原因，找出根源所在才是解决问题的根本，所以首先要从多方面对问题进行分析思考，找出根本原因。我通过平时观察小邓、上门家访，以及阅读小邓的周记，了解到他对中职教育不认同的原因主要有三个：

一是家庭原因。小邓是家中老大，弟弟妹妹成绩都不错，有个同年中考的表弟考上了高中，相比之下，小邓心里既高兴又失落。父母在亲戚朋友面前对小邓就读的学校避而不谈，也为他的未来担忧。

二是个人原因。初中时的好朋友考上了高中，小邓无法接纳自己中考失利，以往的认知和经验让其对中职学校存在一定的认知偏差。

三是氛围原因。小邓受交往同伴消极思想影响且班级正面氛围还未形成。

〔班主任支招〕

积极心理学主张研究人类积极的品质，充分发掘人的活力和美德，作为班主任，我采用积极的语言为小邓贴上正面标签、用有温度的教育方式来温暖他的内心。

1. 拉近距离，走进内心

每个人都有被认可的需要，我给小邓在班上安排了负责课室日志和记录考勤的工作，并让他把当天的课堂情况汇报给我，由此我俩的关系在工作中变得熟络起来。小邓由最初只言片语地汇报到后面精细到个别同学的课堂表现，我都会及时表扬他的洞察力。偶尔在他忘记时，我也会在微信中调侃他："臭小子，你今天是不是忘记和我说点儿什么了？"他也总是用有趣的表情包来回复我。

2. 指点迷津，改变认知

好的关系是解决一切问题的前提，渐渐地，小邓也愿意对我敞开心扉了，我向小邓详细介绍了中职生的几个发展途径，小邓很坚定地说想加入机器人竞赛组。加入竞赛组后，小邓每天晚上都坚持去训练，白天在班级上课时，他在竞赛组学到的技能使他完全可以作为小老师来指导班上其他同学，我也经常到竞赛组去看他训练，将拍到他专注训练的照片发到朋友圈，以此来鼓励他。

3. 家校沟通，赢得信任

我经常和家长保持沟通，通过发送照片和视频的形式向家长展示小邓在学校积极向上的一面，也让家长对孩子的成长有信心，多给予孩子鼓励和认可，使其积极面对学习和生活。终于有一天，我看到小邓爸爸的朋友圈中晒出了小邓手拿班级"技能之星"奖状的照片。

4. 以点带面，共生共长

小邓表现出的情况其实是班上很多同学的缩影，我要做的是点燃同学们对中职生活的希望，如在班会课上播放学校的宣传片，让他们了解学校的成长历程以及取得的成绩；带领全班参观专业实训室、邀请学科专业的领导走进班级介绍机器人专业的发展前景；通过班会课介绍中职的升学、就业途径及发展平台等，让学生对中职生活有信心，对专业有认同，以此改变他们对中职学校的认知。

班主任如何智慧应对学生冲突的问题

康摇生　孟艳艳

［热点案例］

处于青春期的学生，活泼好动，喜欢与同学打闹，时常出现闹"红脸"、发生冲突的现象。A 同学和 B 同学为同班同学，均为住宿生。A 同学是从大良转到勒流的学生，因为不懂得如何与其他同学相处，经常被同学当作小丑而遭取笑欺负，两位同学在宿舍玩闹而导致"红脸"打架。作为教育者，如何让同学之间"化干戈为玉帛"呢？

［班主任支招］

班主任针对两位学生冲突问题，如何智慧地解决问题呢？经过工作室老师们的研讨，总结出如下解决方案：

1. 倾听心声，层层化解矛盾

一是通过对话寻找突破口。通过师生交流寻找原因可知，A 同学与其他同学相处得不太好，原因是他心里有种自卑感，无法正确地处理同学间的关系。不习惯同学之间表达情谊的方式，觉得自己经常被别人欺负，心里很难过。作为教育者，应及时帮助学生解开心结。

二是让学生做真实的自我，建立平等互助的朋友关系，鼓励学生做真实的自己。朋友之间是平等的而非一方一味地迁就另一方，要学会做自己，与朋友坦诚相待。

2. 关爱学生，渐渐走进心扉

鲁迅先生曾说："教育根植于爱。"教育者要做到关爱学生。一个班集体，几十个学生相处，难免会发生矛盾或者争执。学生能够在班集体和谐相处，对他们的健康成长非常重要。一个孩子，如果在成长时期一直被当作"弱势群体"，成为被欺负和取笑的对象，那么他内心会一直有沉重的负担，从而产生自卑的消极情绪。在这一案例中，A 同学转校来到新环境学习生活，难以融入班集体，心里非常难过，学生内心痛苦，作为老师也同样感到难受。因此，学生之间的人际关系需要我们从中进行调节帮助。

3. 换位思考，冷静处理问题

作为教育者如果只是简单地批评教育，然后让学生承认错误，那么将很难从根本上解决问题。学生也只会是表面上承认错误，不能达到真正的教育效果。学生之间出现矛盾，我们需要从学生的立场出发来考虑问题。同时，遇到突发事件，我们需要让自己冷静，也要让违反纪律的学生冷静下来。只有冷静看待整件事情，才能发现更多我们没有注意到的细节，从根源上解决问题。

4. 善于引导，慢慢地发现美

对学生的教育启发不能操之过急，需要慢慢引导。学生尚不成熟，社会阅历浅，教育者要善于引导学生发现美，感受友谊美。同窗之情是美好的，老师要通过引导让学生学会关心和珍惜身边的朋友、同学。苏霍姆林斯基说："要记住，你不仅是教课的教师，也是学生的教育者，生活的导师和道德的引路人！"

有温度的家校沟通

中职一年级工作指引

任红霞

教育是一项系统工程，学校、家庭、社会缺一不可。家长是教育的支持者、合作者、监督者，班主任只有赢得家长的理解和信任才能调动他们参与教育活动的积极性，才能顺利有效地开展班级工作。根据心理学的"首因效应"，我们知道第一印象对于一个人评价的重要性。所以班主任初建班级时，需要认真对待并做好每一个"第一次"，取得家长和学生的信任。

一、第一次见面：让初次见面更美好

开学了，学生来到校园，很多家长也会来参观学校，了解环境。他们很兴奋，班主任也会同样激动，那么，怎样才能让这第一次见面给学生和家长留下美好印象呢？

这时，作为老师的我们从个人出发需要特别注意以下几个方面：

1. 形象端庄，给家长一个好印象

初次见面，家长肯定会带着好奇、猜测的心理来观察班主任。人不管长相如何，一定要有良好的气质和素养。这就需要班主任衣着整洁，形象端庄，举止文明大方，言谈得体，目光友善。一句话，以形象吸引人，以魅力感染人，以威信慑服人，以情感温暖人。

2. 记住学生姓名，给家长一个惊喜

学生面对新班主任，总会有各种各样的心理，但无论什么样的心理，学生都希望给班主任留下深刻印象，在班主任心里有一个好的形象。如果一开学班主任能准确叫出班上每位学生的名字，那么这会令全班学生异常兴奋，他们会感觉自己得到了班主任的关注。

3. 做好自我介绍，拉近心灵距离

一段精彩的自我介绍对于第一次印象太重要了，自我介绍时的语气可以是亲切平和，也可以是幽默大方，它可能真的会被记一辈子。

4. 安排座位，将关注落到实处

学生到校之后，最关注的是"我坐在哪里"。新生入学编排座位宜简单，可以根据中考成绩进行互助搭配，在后续一个月里，班主任可以按照身高、视力、人际关系等进行调整。班主任可以制作姓名牌放到每个位置上，一目了然，让学生感到被重视。

二、第一次家访：有步骤有方法，打有准备的"仗"

进行家访前，教师首先要精心设计家访的内容，做好一切准备工作。也就是说，要制订计划，不打无准备的"仗"，这样才能有的放矢地开展工作。家访大致的步骤是：了解学生基本信息、合理规划家访的路线、确定家访时间、开展家访、做好整理记录。

（一）家访前准备充分

1. 要了解班级学生情况

面对不同年级、不同学习表现的学生，家访所需必定不同，因此教师在家访前就必须了解掌握学生的一些基本情况。

（1）学生姓名要确保读准。

（2）准备好与学生表现相关的各种材料。

（3）拟好和家长谈话的要点。

2. 要有充分的心理准备

家访面对的是不同的家庭。有些家长容易沟通，能理解和接受教师反映的情况，并欣然采纳老师的建议。但有的父母对教师反映的情况心存疑虑，可能教师的某句话，就会引起家长情绪的起伏，继而可能无法顺利完成交谈。所以，作为教师要努力做好以下几点：

（1）摆正心态，做好心理准备。

（2）设想各种可能会出现的情况。

（3）想好不同的策略，以此应对家长的不同反应。

3. 要注重自身的礼仪

家访前要先与家长预约，看双方在时间上是否有冲突，使家长做好心理准备，不可勉强家长。我们也应该严格遵守约定的时间，准时前往。中途万一遇到堵车等情况，要及时打电话与家长联系，取得家长的谅解。

（二）家访时讲究沟通策略

家访过程中，要保持亲切的仪态和端庄的坐姿。控制好谈话的时间，不宜过长，一般家访的时间控制在三十分钟左右。家访时，态度要诚恳，谈话分寸掌握得当。

1. 要明确自己的角色定位

家访时，要明确自己的角色定位，告诉自己：我是一名教书育人的教师。家访目的是与家长沟通孩子的在校表现，与家长共同商讨教育孩子的良策。家访老师不能高高在上、俨然一副管理者的姿态或是摆出领导的架势，用严厉的口吻训斥家长，要知道你的口若悬河、滔滔不绝，往往会让家长无所适从，也容易引起家长的情绪波动，甚至反感，会失去家长对教师工作的理解与支持。但是，沟通的过程中也不能像亲戚间拉家常般无话不说，甚至一些隐私也毫无保留地说出。因为与家长过分的亲密，对今后工作的开展也是不利的。一般来说，在与家长沟通时，一定要掌握分寸。

2. 要讲究沟通的方式和策略

在与家长沟通时，要注意讲话的方式。家访时全面反映学生情况，无论学生在校表现有多糟糕，都应委婉地表达，不能只说缺点和问题，不说优点和成就。千万不能变成告状式的家访，还是要以肯定、鼓励为主，要给家长留情面，得体地与家长谈话，如此家长更容易接受。这也会让家长觉得教师是真心实意地想帮助自己的孩子进步，会让家长产生更多的认同感，获得事半功倍的效果。家访的过程中应向家长提供有效的教育方法，给家长提供实实在在的帮助，从而建立和谐的家校关系。

（三）家访后做好整理记录

在完成所有的家访工作之后，班主任要及时地整理出家访记录，把家访过程中搜集到的信息（见图1）——记录并及时梳理。

图1　家访过程中搜集的信息

这些资料不仅可以作为对学生重新分析评估的依据，便于制定新的教育方案和措施，还是对班级总体情况作出分析的第一手资料，这些信息对班主任制订班级工作计划，尤其是制订行为规范教育计划能起到关键的作用。

三、第一次家长会：别出心裁，"会"逢其适

（一）会前多积累

家长会的准备和积累应该是教育活动中的一个自然环节，而不该成为一个刻意项目，这需要班主任在上任伊始就有意为之。

（1）情感上多铺垫：感动家长。第一，注重日常多联系。班主任可以定期或不定期与家长保持联系。第二，开展全员家访。班主任可以有计划、有步骤地开展传统的全员家访。消除家访的歧视性（改变选择问题学生家访的做法），把对学生的关爱送到家门口，把班主任的责任心和爱心留于家长心中，把家长的感受和认同带回家。

（2）素材上勤积累：关注学生。可以记录学生学习上和生活中的细

节，以及成长进步的点点滴滴。如一期优秀的黑板报，一次学生主动留下的教室自习，一次认真的值日……这些都可以在家长会上重点讲述，以感动家长。也可以暂存学生的错误、失误或失望，这样的操作会有"无声胜有声"的效果。丰富的素材使家长会的内容与众不同，更具针对性；事实胜于雄辩，让家长在会中收获良多，深受感动。

（二）会上内容和形式多样

1. 学生做主人

（1）让学生接待。当家长来到学校时，可以让学生负责签到、接待等工作，由学生带领提前到达的家长参观校园，介绍各个实训室。让学生承担这项工作，既可以释放学生的热情，学习接待礼仪，也可以让家长感到亲切，发现自家孩子的成长。

（2）让学生主持。主持班级家长会，介绍班级情况的工作完全可以由学生来承担。

（3）让学生颁奖。家长会上设置一个特别的颁奖活动，把每位学生在校期间取得的方方面面、点点滴滴的成绩汇集在一张张喜报上，由两位学生向全体家长逐个宣读，并送到每位家长手中。简单而隆重的颁奖仪式，既是对大多数积极向上学生的褒扬，也是对少数不思进取学生的鼓励与鞭策。

2. 家长担主演

提前联系善于表达、有科学家庭教育理念和丰富教育经验的家长，邀请他们面向全体家长和学生发言。介绍他们的家庭教育理念和经验，同时，为其他家长提供自由表达的机会，大家充分讨论，表达见解。

3. 班主任做导演

（1）设计流程。合理的流程可以显著提高会议的效率。从家长接待到家长会的开展，以及最后的收尾；从家长会的形式到内容，都需要班主任的精心设计。

（2）指导学生。让学生成为家长会的主要参与者，除了在学生中进行选拔外，必须对相关学生进行针对性指导。从接待人员文明礼仪的学习、学生主持人的训练，到学生发言内容的指导，都离不开班主任的辛勤劳动。

（3）安排家长。邀请家长做典型发言，班主任首先要充分了解学生家长，确定合适的人选。为了使家长的发言更有针对性，还必须事先与家长进行充分沟通，既不偏离主旨，又不僵化教条，最好具有典型性。

（4）随机应变。最好的计划也赶不上变化，班主任要时刻关注全局，及时补位，出现在最需要的地方。班主任会前要预设问题，研究家长（见图2）；会上要善于调控会议进程，协调好机会，让学生、家长、教师都各得其所。

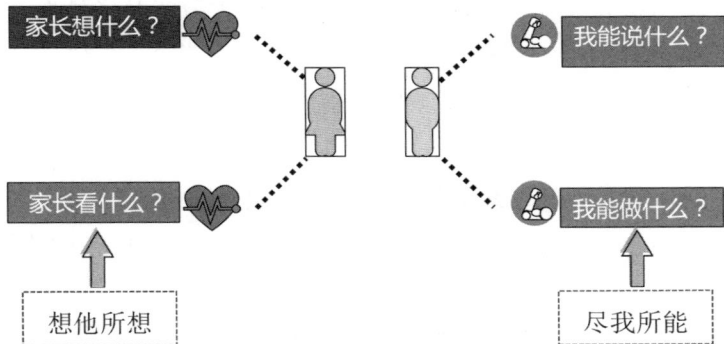

图2　家长会前班主任思考的问题

四、第一次建家校群：明晰边界，确定规则

（一）从约束自身开始，明确网络社交文明习惯

约束自己比约束别人容易多了。要求家长做到的，班主任一定要先做到，班主任在家校群里要争取做到以下事项：

（1）群昵称要设置为真实姓名。必要时，把联系方式添加在昵称后。

（2）私事和自己感兴趣的事情不在群里发布。

（3）绝不在群内发布未经证实的资料和信息。

（4）不为个人和亲朋拉票、集赞。

（5）绝不在群内发布商品销售的信息。

（6）不在群内发牢骚，做一个充满正能量的人。

（7）重要信息一定要用文字而不是语音发布，且用"@"的形式告知每位家长。

（8）除非是上级安排或者家委会作出的重要决定，否则尽量不要在群内发布。

（二）出台家长群行为法则，作为家长交流的制度

班主任可以先拟定规则，然后提交给家委会审议，最后在班级家长群里发布。家长群的一些行为法则如下：

（1）所有家长一律实名制入群，群昵称格式为"孩子姓名+个人身份+电话号码"。

（2）本群名称为"×××班家长群"，请家长不要私自修改和更换群名。

（3）请家长置顶班级家长群，方便接收信息随时联系。

（4）为防止其他无关人员进入，请所有家长在×月××日前实名制加入。

（5）在群内不得发布与班级教育工作无关的链接，如广告、投票、捐款、红包等；如果误发，请及时撤回或做相关纠正说明。

（6）不在群内发布未经考证的信息等。

（7）对于老师发布的信息，除了特别说明需要接龙回复"收到"或讨论的内容之外，一律不用回复。尤其是老师发布重要通知后，一定不要刷屏，以免其他家长错过重要信息。

（8）不要在群内发布太多的表情包，尤其是视频类的表情包。

（9）关于孩子个人的事情，请不要在群内咨询，可以私聊班主任。有重要事情或者急事，一定要打电话联系老师。

（10）不要在群内发牢骚或者攻击老师和其他家长，有意见或者建议可以私聊班主任。

（11）请家长们遵守群内规定，共同建立高效沟通的家校群。

懂得尊重　看见孩子
——家长课堂教学案例

孙荣梅　徐　晶

班主任案例教学课教案

主题：懂得尊重，看见孩子

班级：机器人 212 班

班主任：冀殿琛

授课时长：60 分钟

上课时间：2021 年 9 月 28 日

参加家长人数：50 人

一、《全国家庭教育指导大纲（修订）》要求及教学目标

根据《全国家庭教育指导大纲（修订）》要求：构建良好的亲子关系，指导家长与儿童平等相处，理解儿童自主愿望，保护儿童隐私权，学会倾听儿童的意见和感受，学会尊重、欣赏、认同和分享儿童的想法。学会运用民主包容的语言和态度对待儿童，促进良性亲子沟通。

本次活动的教学目标：一是学习尊重孩子对了解孩子、促进关系的重要意义，协助家长增强尊重孩子的意识和动机。二是识别尊重孩子的雷区，学习尊重孩子的技巧。

二、案例内容摘要与分析

本课案例中的孩子小星，平时是老师、家长眼中表现不好的学生，在

一次考试中只是想借同桌的尺子用一下，结果被老师误认为是想抄同桌答案，被班主任告诉了家长。回家后，小星本以为自己的委屈可以得到妈妈的理解和安慰，结果却被妈妈用"你还委屈，老师会冤枉你吗?"这样的话教训了一番。小星的委屈无处释放，根本得不到老师、家长的理解和信任。

该案例中小星妈妈的反应带有自己的偏见和刻板印象，忽视了孩子的真实感受和内心需求，不了解孩子的真实处境，直接给孩子贴上"说谎""坏孩子"的负面标签，这是一种不尊重孩子的表现。这样的处理方式既让孩子错失了一次表达自己真实处境和内心感受的机会，也失去了亲子之间应有的理解和信任，拉远了孩子和妈妈的心理距离，这对亲子关系是一种破坏性的行为。

三、家长学员及孩子基本情况分析

中职阶段的孩子，自我独立意识进一步增强，有强烈的自主意识，对独立、自由、自尊有更强烈的心理需求，对同伴交往的需求大于对父母的依赖，希望家长能将自己作为独立的个体来对待，反对父母过多的干涉，希望能与父母平等对话，一同探讨和决定某些问题，希望得到父母的信任。而很多中职学生的家长一方面没有认识到孩子的心理发展规律，担心孩子在与同伴交往中学坏，对孩子的社会交往过于担心焦虑，导致孩子约束较多，亲子间的信任关系被破坏；另一方面，面对孩子心理发展过程中出现的问题时家长倾向于给孩子贴标签，在处理孩子行为问题时家长容易用简单、直接、强硬的方式，造成孩子不愿和父母沟通、亲子关系疏离的被动局面。

如何让中职学生家长通过尊重孩子来进一步理解孩子，看见更真实的孩子，从而改善亲子关系，让孩子更好地成长，这一问题十分重要。

〔教学过程〕

导入：懂得尊重，看见孩子——欢迎各位家长来到我们的父母成长课堂！

作为一名职校心理老师，我常常听到家长的倾诉："我家孩子毛病太多了，既手机成瘾、任性懒散，又喜欢说谎，我真是没法管了！""我家孩子总和那些不三不四的人出去玩，我最担心的就是他在外面学坏！"在座的家长是否有过类似的经历或感受呢？有的话请鼓掌示意。

下面，我们来看一看课前我在本班做的一份关于孩子与父母相处烦恼的调查问卷结果，看得出来，处于青春期的孩子在与父母相处方面也存在很多烦恼，他们期待自己能像独立的大人一样被父母看待，期待有更多的自由空间和与同伴交往的机会。在中职学习期这个特殊阶段，父母需要更有智慧地应对亲子关系中出现的问题。接下来，让我们从中职生小星和他母亲的一个生活场景来看看这对母子的亲子困扰。

一、案例展示（2 分钟）

邀请学生和家长来现场演绎亲子情景剧《老师会冤枉你吗？》。

二、案例分析（20 分钟）

1. 台下角色替代尝试

如果您是小星的家长，面对刚回家被老师投诉但又一脸委屈的孩子，您会用不一样的方式来回应孩子吗？您选择这种方式的理由是什么？

2. 台上角色正式替代

邀请刚才参与台下角色替代的家长上台代替剧中的父母，按照刚才在台下讨论的回应方式重新与孩子演绎一次剧情。

3. 角色采访与观众采访

采访剧中孩子角色：原剧中，妈妈的回应给你的感受如何？新妈妈角色的回应带给你的感受又如何？前后两种回应，你对她们的看法有什么不一样？

采访台下家长：看完前后两种回应，您对两位妈妈的看法是什么？这两位妈妈的回应对亲子关系会产生怎样的影响？

4. 教师总结

两位妈妈的不同回应方式其实反映了家长对待孩子的两种不同态度，前一种主观武断地给孩子贴标签，是一种不尊重孩子感受的做法，亲子之间会失去信任，孩子很难得到成长的支持。后一种是放下评判，允许孩子表达，真实地还原孩子处境的做法，这让父母看见真实的孩子，增进了亲子间的信任，孩子也因此拥有了一份成长的力量。被尊重和不被尊重，对于孩子来说是怎样的不同感受和影响呢？让我们一起进行一次有趣的角色体验。

三、组织反思（20 分钟）

（一）角色体验：《带领与陪伴》

1. 确定活动规则

两位家长组成一组，分为 A、B 两个角色，其中 A 为父母角色，B 为孩子角色。

2. 第一轮任务：带领

A（父母）带领 B（孩子）去"周游"本教室。要求"父母"站在"孩子"身后，双手扶住孩子的肩膀，完全掌控和决定孩子行走的方向、速度和中途所看的"风景"。"孩子"只能听从"父母"的指挥和指导，不得有自己的想法，只需要听"父母"对风景的看法。双方"周游"完教室后回到起点。

父母带领示例："来，听我的准没错，那里好看，去那边。快点儿!""这里最漂亮了，你一定会喜欢这里。"

3. 采访 B（孩子）

你被父母带领"周游"教室时有怎样的感受？你内心期待"父母"与

你"周游"教室的方式是什么？

4. 第二轮任务：陪伴

A（父母）陪伴 B（孩子）去"周游"本教室。要求"父母"与"孩子"牵手同行，两人同行的方向、速度和风景的选择在"父母"了解"孩子"的意愿和看法后确定，两人商量进行。"父母"尽量多听少说，充分体现对"孩子"的看法和感受的尊重。

父母陪伴示例："你想先去哪里看一看？你最喜欢哪处的风景？现在行走的速度你觉得如何？"

5. 采访 B（孩子）

第二轮"周游"过程中，与第一轮的感受有什么不一样？"父母"的哪些细节让你感到你是被尊重的？

（二）动态反思

将家长分成四大组，每组发一打便利贴，请家长根据刚才体验活动总结出对孩子尊重的技巧有哪些？每张便利贴写一条，小组整合意见后贴在黑板上，教师将便利贴整理后作如下分类：①放下父母主观评判；②关注情绪，了解想法；③多听少说；④给予空间与选择权。

四、引导践行（18 分钟）

1. 践行任务

四大组各领取一个亲子沟通困境，2 分钟小组讨论：

（1）指出情境中父母不尊重孩子的表现有哪些？

（2）采用前述四种尊重孩子的技巧去化解困境，在大组中进行分享。

2. 亲子沟通困境讨论

情境 A：想做兼职的女儿和担心安全、重视学习的爸爸。

女儿：爸，我想暑假和班上同学一起去做兼职。

父亲：一个女孩子家的，做什么兼职？外面的世界你知道吗？再说了，要是你有那时间做兼职，还不如在家好好读几本书，把学习成绩弄好比什么都强。

（解困秘籍：放下女生不用适应社会，唯有读书才是学习的固有判断，去倾听、了解孩子做兼职的想法和动机，一起讨论安全问题和兼顾学习的方法。）

情境B：孩子觉得自己和朋友的交往被爸爸干涉、侮辱。

爸爸：今天又跟那个小军出去玩了？

儿子：嗯。

爸爸：哼！每次都是和一些学习成绩不好的人出去，不被带坏才怪！以后不许你和他们来往！

儿子：你凭什么这么说我的朋友！

（解困秘籍：放下学习成绩不好等于整个人都不行的错误观念，多听少说，尊重、了解孩子的朋友，才能赢得孩子对父母的尊重，也更有机会了解、引导孩子与同伴的交往。）

情境C：父子的手机争夺战。

父亲：你看看你，整天就抱着个手机！手机害死你！读什么书啊你！

儿子：我哪有整天玩啊？！

父亲：你还跟我顶嘴？翅膀越来越硬了，是吧？把手机给我拿来！

（解困秘籍：了解孩子玩手机的具体情况，给予孩子一定的空间和选择权，共同商讨手机使用的规则，用规则来约束而非用负面标签来打击。）

情境D：情绪中的孩子遇上讲道理的妈妈。

女儿：我们那个班主任真的很烦！居然当着全班同学的面说我！

妈妈：肯定是你做错了事啊，否则老师干吗说你啊！

女儿：不就是迟到了几分钟，有必要这样小题大做吗？

妈妈：你看看你，犯了错还不知悔改，你还有理了，老师批评你是关心你，一点儿感恩之心都没有！

（解困秘籍：避免主观评判孩子的行为，关注孩子当下的情绪，倾听并共情孩子对班主任当众批评自己的看法和感受，先处理情绪再做适当引导，避免将沟通变成说教。）

3. 小组展示、教师点评总结

当我们放下父母的权威和主观评判，真正地把孩子当作一个完整独立的个体去对待和尊重时，父母才能看见孩子的感受、想法、需求，只有这样，父母才能和真实的孩子相遇；也只有这样，孩子才能从父母对自己的尊重中学会如何尊重自己、尊重他人。尊重孩子既是一种观念，也是一种智慧，让我们一起学会尊重孩子，看见孩子的真实需求！

五、课后小结及延伸学习设计

1. 课后小结

（1）本课从实际生活中选取了中职生亲子关系中的典型案例和典型问题情境，击中了亲子沟通中的实际痛点，活动针对性和家长参与动机得到了强化。

（2）课堂采用参与式的教学方式，通过微型论坛剧场、角色体验活动、亲子情景模拟等方式强化家长的内心体验，并通过活动体验在情境中生成新的感受和观念，大大活化了家长学校教学形式，强化了家长应用践行"尊重孩子"的动机和能力，优化了教学气氛和教学实效。

（3）由于本课时间设置为 60 分钟，对尊重孩子技巧的动态反思部分稍显仓促，对技巧的解读还不够具体细致，可以增加一节课进行专门的技巧学习和应用训练。

2. 延伸学习资源

希望家长重视倾听的艺术和回应的技巧，推荐：

（1）阅读由阿黛尔·法伯、伊莱恩·玛兹丽施著，安燕玲译的《如何说孩子才会听　怎么听孩子才肯说》一书。

（2）阅读由托马斯·戈登著、琼林译的《PET 父母效能训练：让亲子沟通如此高效而简单》一书。

（3）关注微信公众号：爱和自由，多看它的推文。

走近一点，一切变得美好

——第一次家长会活动设计

任红霞

年级：2022 级

班级：电商 221 班

时间：2022 年 9 月 15 日

一、活动主题

走近一点，一切变得美好——中职一年级第一次家长会。

二、活动背景

（1）绝大多数家长对于中职学校的办学方针不了解，甚至潜意识里存在偏颇的看法，认为学生到职校学习就是"混日子"。

（2）很多家长反映孩子进入青春期之后越来越不喜欢与自己沟通。面对家长的询问，孩子多数态度冷淡，吝于回应，但与同龄的孩子玩得热火朝天。面对这种与孩子代沟加深、沟通困难的情况，家长感到很无奈。

三、活动目的

（1）第一时间让家长了解学校、了解老师，树立形象，取得信任感，转变他们以往对中职学校的片面认识。

（2）转变家长教育观念，让家长认识到与孩子交流沟通的重要性，通过案例分析，帮助家长寻找有效沟通点，可向家长介绍一些沟通的技巧。

四、参加人员

学生、家长、班主任、科任老师。

五、活动地点

教学楼 B－205 室。

六、活动时间

2022 年 9 月 15 日（星期四）。

七、活动准备

可提前布置教室，确定家长座位，做好如下准备工作：

（1）制作并发送家长电子邀请函（见附件）。

（2）制作主题黑板报。

（3）完成家长会 PPT。

（4）设计问卷调查《亲子沟通存在的问题》。

（5）排练情景剧表演：《当着大家的面你给我说清楚》。

（6）邀请家长代表发言。

（7）学生完成主题写作：《在中职遇见更好的自己》。

（8）邀请家长给班委会颁发聘书。

八、活动过程设计

此次家长会活动过程如图 1 所示。

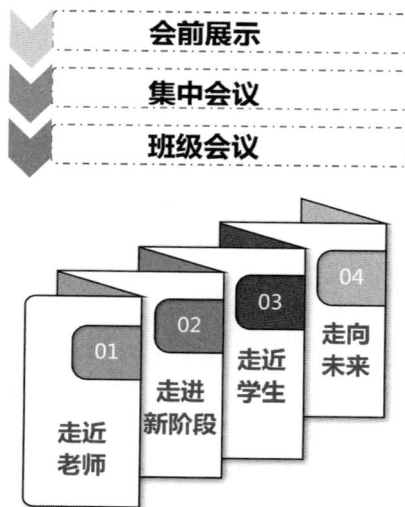

图 1　活动过程

（一）会前展示

提议家长提前 20 分钟到场，参观校园及专业学习环境。播放学校宣传片等视频，让家长初步了解学生在校的基本学习环境。

设计意图：给家长深入了解学校的机会。

（二）集中会议

1. 德育副校长做"琢玉成器，出彩发展"主题讲话

主管德育工作的副校长向家长介绍郑敬诒职业技术学校的琢玉育人理念、六张"金名片"和近几年学校高职高考上线率，号召家校合力，奏好育人协奏曲。

设计意图：向家长介绍学校的育人理念和办学宗旨，让家长了解中职

生也可以很出彩，可以快乐地成长成才。

2. 心理健康老师做心理健康教育专题教育

心理健康老师通过案例帮助家长走出心育认识的误区，呼吁家长关注孩子的心理健康。

设计意图：中职生的心理问题需要持续关注，通过专题教育帮助家长识别孩子的心理健康问题，做到家校共育。

（三）班级会议

1. 走近老师

（1）班主任致欢迎词。

（2）各科任老师做自我介绍。

设计意图：在最短的时间里，让家长对老师们有大致的了解，让家长看到老师的专业素养及个人修养。

2. 走进新阶段

班主任做主题演讲：《今天的中职生，未来的"大国工匠"》。

设计意图：通过对国家大政方针政策、学校办学理念、优秀毕业生案例的讲解和展示，让家长和学生明白，中职的学习不同于高中，但只要努力也可以成才，抓住在中职学习的机会，蜕变成美丽的"郑职学子"。

3. 走近学生

（1）出示调查问卷结果，向家长提出问题：您觉得您与孩子之间存在沟通问题吗？

调查显示，父母对孩子最常说的话，排名前三的是"好好学习""上课认真听讲""考了多少分"。

而家长意识里"那么不懂事"的孩子，最想对父母说的一句话，排名前三的却是"爸爸妈妈，你们辛苦了""爸爸妈妈，我爱你们""我会努力的"。

亲子间缺乏沟通带来的后果是父母与孩子的"代沟"越来越深，造成双方相互不了解、不信任。

设计意图：通过出示调查结果，让家长了解与孩子有效沟通的重要性。

（2）专题学习：亲子沟通艺术。

①案例展示——情景剧表演。

此情景剧摘自《父母课堂》2018年1月刊《当着大家的面你给我说清楚》。由王嘉欣、李嘉骏、陈嘉颖、左倩参与表演。

②有问题一起谈。

问题一：父母为什么会对孩子说出这样的话？

问题二：父母说出这样的话会给孩子造成怎样的影响？

③亲子沟通常见问题。

一是家长独断专行。例如，喜欢用强硬的措辞，"你要""你应该""你不能"等，没有给孩子商量、回旋的余地。

二是家长言行不一。例如，家长经常讲玩手机多么不好，危害性有多大，而自己却整天抱着手机聊天、玩游戏。

三是缺乏对孩子的信任。例如，当家长发现自己孩子身上的缺点时，往往是一味地批评、指责、埋怨，即使孩子取得了一定的进步和成绩，也觉得孩子做得不对，认为没改变什么。

四是批评多而表扬少。例如，当孩子犯错时，还没等他说明情况，父母就不分青红皂白，一概用严厉的惩罚处之。而当孩子有了点滴进步父母却视而不见、听而不闻、无动于衷。

④亲子沟通方法和技巧。

第一，把握正确的沟通态度。

与孩子沟通时学会尊重。注意学会理性控制情绪，把握沟通时机。学会用全面发展的眼光看待孩子。

第二，丰富沟通的方式。

与孩子建立有效的沟通渠道，形成密切的亲子关系。父母与孩子要相互了解，相互融入对方的生活。在与孩子的沟通中，父母要多表扬、多倾听，同时要更新观念、丰富知识，增加亲子共同活动的机会，增加沟通时间。

第三，提升亲子沟通的质量。

改变说话的方式，培养孩子喜欢跟父母聊天的意愿。培养孩子的好品质，帮助孩子成为一个开朗的人。与孩子的沟通中，父母要培养孩子善于倾听、解决问题的习惯和能力。

⑤亲子体验游戏。

请一对家长和学生交换角色，现场演绎一个生活情景剧，两位分别谈感受。然后根据沟通技巧，优化说话内容及方式，对后续情节进行创编。请其他家长分享观后感。

具体场景：家中，父亲在津津有味地看电视，孩子想跟父亲聊天，但父亲有一搭没一搭地回答，视线一直没有离开电视，还说着："我可以一边看电视，一边听你说。然后呢？"孩子看到父亲没有专心听自己说话，小声嘀咕道："还是算了吧！"完全没有进一步沟通的想法。

⑥优秀家长经验分享。

请出一位家庭教育相对成功的家长分享经验。

设计意图：通过专题学习，教师和家长共同探讨如何与孩子进行有效的交流，增进亲子关系，以更好地达到家校共育的效果。

4. 走向未来

（1）一位学生朗读自己创作的《在中职遇见更好的自己》。每位家长都可在桌上看到自己孩子写的信。

设计意图：通过书信的方式，让家长听听孩子的心声，了解孩子的想法，帮助他们在学校获得更好的发展。

（2）邀请家长颁发班委会聘书。

设计意图：班委会的成立代表着一个新的开端，让学生和家长共同参与成立仪式，不仅有仪式感，也让班干部有成就感和责任感，更能让家长为孩子感到骄傲。

九、收获与反思

家长会结束后，有位家长说："我多次参加家长会，但这样的家长会我还是第一次参加，心灵受到了强烈的震撼。看他们的表演，我感觉就是在演绎我和儿子的日常。"有位学生说："我们在表演时看见家长们都开心地笑了，我们也特别开心，这次活动使我们与家长之间得到了一次沟通，非常有意义。"

从家长会的过程和会后的反馈情况来看，这次的家长会是比较成功的，得到了家长们的认同和肯定，并建立了良好的合作关系。家长会上同学们的表演、家长的赞赏和老师的鼓励共同营造出一种非常融洽的气氛，这样的家长会有利于家长深入了解孩子在学校里生活和学习的实际情况，而不再是单凭分数来评价孩子，有利于孩子的全面发展。家长教育子女的理念有所提升，家长会的目的也就达到了。

附件：

郑敬诒职业技术学校 2022 级学生家长会邀请函

尊敬的家长朋友：

为增进家校沟通，形成家校共育，促使教育教学工作更具针对性、更富有成效，促进学生健康快乐地成长，我校兹定于 9 月 15 日 14：45 在阶梯教室召开 2022 级电商专业部家长会，诚挚邀请您参加！具体安排如下：

14：20—14：45　家长入场，按班级就座。

14：45—15：00　德育副校长致辞。

15：00—15：20　学校学生管理制度学习、毕业条件讲解。

15：20—15：45　学生专业发展规划解读。

15：45—17：00　家庭教育指导与班主任及科任沟通。

佛山市顺德区郑敬诒职业技术学校

2022 年 9 月 6 日

回　执

班级：_____学生姓名：_____

家长是否参加（请打钩）　　是____　否____

家长签名：

温馨提醒：为了让孩子未来三年更有规划地健康成长，请您务必于百忙之中抽出时间参加本次家长会。

中职二年级工作指引

金显凤

《全国家庭教育指导大纲（修订）》"12—15岁儿童的家庭教育指导"中指出：构建良好的亲子关系。指导家长与儿童平等相处，理解儿童自主愿望，保护儿童隐私权；学会倾听儿童的意见和感受，学会尊重、欣赏、认同和分享儿童的想法；学会运用民主、宽容的语言和态度对待儿童，促进良性亲子沟通。提高儿童信息素养。指导家长正确认识媒介对儿童的影响，掌握必要的信息知识与方法；了解儿童使用各种媒介的情况，培养儿童对信息的是非辨别能力和加工能力。班主任要想更好地开展班级工作，必须引导家长认清网络沉溺既是亲子冲突的原因也是结果，帮助家长和孩子制定积极、健康的网络规则，从而引导孩子选择有利于他们成长的网络，助力孩子的健康成长。

一、问卷调查，充分了解网络时代下亲子关系现状

在职业学校，网络时代下的亲子关系往往存在以下几种情况：

一是孩子沉迷于网络，拒绝与父母交流，父母对此不闻不问，未找到指导孩子戒除网络沉溺行为的方法，导致孩子性格孤僻，亲子间缺乏有效沟通。

二是孩子沉迷网络，无心向学。父母看到孩子沉溺于打游戏而十分反感，导致亲子矛盾倍增，这表现在孩子跟父母顶嘴或者对着干，故意违背父母的意愿，表现出强烈的叛逆倾向。

三是孩子尊重父母的意见，能够适度使用网络和手机，和家长沟通顺畅，亲子关系融洽。

前两类学生在学校多属于不良行为多发人群，性格外向的表现出叛逆、滋事，甚至对他人带有一定的攻击性，承认错误快，但犯错误也容易。而性格过于内向的学生则闷声不语，合作性不足。这类孩子不打架，也不滋事，看起来安静内敛，但部分人显现出思想内耗严重，表现为自卑、怯懦。这些孩子看似对班级无害，对同学无损，但某种程度上其自我成长的意念不强，对自身要求有限，对未来发展的关注度有限。生活在这样的亲子关系家庭中的孩子，是班主任最难培养的一类学生。

二、引导学生合理使用手机和网络，积极培养健康的生活爱好

1. 培养学生的自制力和自我管理能力

班主任积极引导学生学会控制和调节自己的情绪、行为，自觉遵守学校的规章制度，及时调整不符合既定目标和规定的动机、行为和情绪。提醒学生正确使用手机。同时，要让学生意识到长时间盯电子屏幕会危害健康，尤其是影响视力的发展，时时处处提醒自己控制手机的使用时间，做到非必要不使用。

2. 培养学生的规则意识，自觉遵守手机管理制度

对于学生使用手机，学校和家庭要制定使用管理规则。不管在学校还是在家里，规则一经制定，学生就要严格遵守执行，并通过一段时间的强化，帮助学生养成规则意识，自觉遵守规则，形成依照规则行事的良好习惯。

3. 提升学生的信息素养

引导学生增强信息意识，主动关注和收集与自身学习、工作相关的信息，通过不断学习和实践，提高自己的信息素养水平。

4. 定期开展丰富的班级活动，培养学生的兴趣，促进学生成长

学生的校园生活不能仅停留在课堂听讲与课后作业中，班主任要根据学生的特点，经常组织学生开展丰富多彩的班级活动。在活动中，学生可自由选择自己感兴趣又适合的活动，使其特长和能力得到充分发挥，促进

个性的形成。开展班级活动能挖掘学生内在潜能，帮助学生树立自信，降低学生沉迷网络的可能。

三、指导家长做网络时代的智慧父母，建立和谐的亲子关系

1. 帮助家长优化家庭教育理念

我以班主任的身份与家长打交道已有 20 年，可以很客观地说，绝大多数家长的行为初衷都是想做好家长，但多数时候事与愿违，为什么呢？因为这些家长没有接受过专业的训练，他们不知道如何做优质家长，他们习得的家庭教育理念源于他们的父辈，用于当下略显简单、落后。这个时候，家长需要的是帮助而非指责。我们必须告诉家长：孩子出现问题不能完全怪孩子，根源可能在家长身上，所以有时只有家长作出改变，孩子才会有改变。

我们建议家长在孩子教育问题上努力做到：①爱而不溺，爱孩子但不溺爱孩子。②亲而不密，与孩子亲近，但又能保持适当的距离。③放而不纵，家长懂得放手，但又能立下规矩，不放纵孩子的不良行为。④支持但不挟持，支持孩子的决定，但不能因此挟持孩子，以达到自己的目的。⑤民主但不甩手，在家庭形成民主气氛，家中大小事务都尽可能让孩子参与，但不可以以民主为由头，把所有的决断都交给孩子，父母自己做甩手掌柜。⑥信任但不放任，对孩子充满信任，相信他能管理好自己。但是，信任不是放任。因此，父母信任孩子的同时，要关注孩子的成长动向，及时作出正确的回应，给予恰到好处的指导。⑦正确看待孩子使用手机和网络，和孩子共同制定积极、健康的网络使用规则。

2. 向家长传递重建和谐亲子关系的方法

现实中，家长虽然知道转变教育理念很重要，但是一旦要把理念落地，他们就开始茫然了。因此，班主任还需要对家长进行方法上的指导。我们通常会建议家长做到以下几个方面：

（1）与孩子平等对话。

以温和的语气跟孩子说话，平等对话，认真聆听孩子的讲话内容，及

时作出回应。

（2）爱孩子不可以附加条件。

不论孩子表现如何，家长都要真心爱他/她，而不是孩子考出了好成绩才爱，听从父母的话才爱。这种附带条件的爱，会冷却孩子爱父母的心。

（3）接受孩子本来的样子。

若孩子某些行为略显笨拙，做事不够快速，反应不够灵敏，学习成绩不够好，家长也应调整心态、认真接受，因为这就是孩子本来的样子。告诉孩子，不管他在别人眼里如何，在父母这里，他都是独一无二的。

（4）掌握青春期孩子的身心特点。

父母要学会理解孩子在身心变化时产生的各种困惑，给予适当指导，同时心理上要保持一定的距离。孩子急躁的时候，家长要平和，孩子平和的时候，家长要适时地对其不良行为进行纠正。

（5）要给孩子立规矩。

身为家长，要确立规矩。孩子破坏了规矩，若张口就批评指责，那么亲子关系就会变得紧张。这种情形下，即便被批评了，孩子多数还是会不听话、不守规矩，所以家长要懂得立规矩，用规矩来约束孩子的行为。

（6）做一个学习型、成长型的父母。

父母是孩子学习的教材，也是范本。如果父母都在努力成长，力图变成最好的自己，那么孩子也不会差到哪里去。

3. 推荐家庭教育类书籍

给家长推荐深入浅出却具有较好指导性的家庭教育书籍。例如：《好妈妈胜过好老师》（尹建莉）、《正面管教》（简·尼尔森）、《奶蜜盐——家庭教育第一定律》（张文质）等，最好是以亲子阅读的形式展开阅读。建议家长写下阅读心得，并以沙龙形式进行分享交流。

四、借助有效的沟通媒介，增进亲子关系

可通过以下方式展开沟通交流：

（1）定期召开家长会，加强教师与家长的交流。

（2）每周布置学生周记，按时批阅，了解孩子的思想动向。

（3）利用班会课开展感恩教育，让学生学会爱父母。

（4）定期开展一些亲子主题活动，拉近父母与孩子的心理距离，让他们倾听彼此的心声。

（5）利用班级微信群、公众号定期推送健康使用网络以及实现亲子有效沟通的方法。

建立亲密和谐的亲子关系的重要性毋庸置疑，在这个过程中努力求变的不仅有家长，也有孩子，更缺不了班主任的助力。

正确交友　尊重孩子
——家长课堂教学案例

金显凤

主题：正确交友、尊重孩子

班级：综合 202 班

班主任：金显凤

授课时间：60 分钟

上课时间：2022 年 9 月 18 日

参加家长人数：45 人

一、《全国家庭教育指导大纲（修订）》要求及教学目标

根据《全国家庭教育指导大纲（修订）》要求，对于 13—18 岁儿童，家长要提高其交往合作能力，并根据该年龄段儿童个性特点，引导儿童积极开展社会活动和正常的异性交往；鼓励儿童在集体生活中锻炼自己，学会与人相处，体验与人合作的快乐。帮助儿童学会宽容待人，正确对待友谊；了解校园欺凌行为的性质、特点及家校合作的基本处理方法。

本次教学活动的目标：

（1）指导家长学会倾听，尊重并遵守孩子的社交规则。

（2）家长有能力指导孩子建立正确的交友原则，采取良性的社交方式。

二、案例内容摘要与分析

女儿上初中后，突然有一天跟我说，她觉得自己没有以前快乐了。她

说："现在不仅课业太繁重，和朋友玩也没有上小学时那么简单，朋友之间很容易因为鸡毛蒜皮的事吵架。比如，我和班里的两位女生关系很好，在学校，我们三个每天同进同出。有一次，另外两人吵架了，她俩谁也不理谁，却都跑来问我到底要跟谁玩。这可让我犯了难，她们都是我的朋友。可现在因为一个矛盾就要割裂整体，还让我做选择，我夹在中间很苦恼。最后三个人都不开心，妈妈，您说我该怎么办?"女儿的话让我陷入了沉思。

该案例中的女孩妈妈其实从小到大，都很少管女儿交友的事情，一向让她自主交友。可是随着她的成长，社交问题变得复杂。妈妈希望自己能给孩子提供一些有用的建议，让其能够拥有健康快乐的友谊，但是不知道该从何入手。

三、家长学员及孩子的基本情况分析

中职阶段的学生，处于由青春期逐步过渡到成人的准备阶段，对独立、自由、自尊有着更强烈的心理需求，对同伴交往的需求大于对父母的依赖，反对父母过多干涉，中职生的人际交往能力普遍较弱，一部分学生沉溺于网络，在虚拟的网络世界中交友。而很多中职学生的家长一方面不能理解孩子的心理发展规律，担心孩子在交往中学坏，对孩子的社会交往过于担心焦虑，导致约束较多;另一方面想学习一些有效的亲子沟通技巧，指导孩子正确交友。

如何指导中职学生家长通过学习掌握一些行之有效的交友指导原则和方法，与孩子建立信任的亲子沟通模式，在当下显得十分重要。

[教学过程]

导入：正确交友、尊重孩子——欢迎各位家长来到我们的父母成长

课堂！

人生什么最温暖？不是寒冬的炉火，不是三月的春风，而是友谊；这种感情能融化冰雪，胜过烈火，给人们带来无穷的力量和智慧。

中职三年是学生人生中关键的三年，是中职生走向成熟的三年，也可能是家长和老师最不放心的三年。第一，这个阶段的学生识别能力差，可能不会交朋友，不知道如何交"好"朋友，有时还误把损友当好友。第二，学生的逆反心理强，有时交了损友还执迷不悟，认为家长和教师啰唆、说的话不对，而使自己远离正道。欢迎各位家长来到我们的父母成长课堂，今天我们要讨论的主题是正确交友，尊重孩子。

一、案例展示（2 分钟）

邀请学生和家长表演情景剧《小丽的烦恼》。

二、案例分析（20 分钟）

1. 台下角色替代尝试

如果您是小丽的父母，面对刚刚回家的小丽叙述自己在交友中所遇到的困惑，您会用什么不一样的方式来回应孩子？您选择这种方式的理由是什么？

2. 台上角色正式替代

邀请刚才参与台下角色替代的家长上台代替情景剧中的父母，按照刚才在台下讨论的回应方式重新与孩子演绎一次剧情。

3. 角色采访与观众采访

采访剧中孩子角色：原剧中，妈妈的回应带给你的感受是什么？对于新妈妈回应方式，你的感受又是什么？前后两种回应，你对妈妈的看法有什么变化？

采访台下家长：看完前后两种回应，您对两位妈妈的行为有怎样的看法？这两位妈妈的回应对孩子的交友会产生怎样的影响？

4. 教师总结

剧中两位家长的不同回应方式其实反映了家长对待孩子交友的不同态度，前一种是由孩子自己自主处理，家长完全不理会，孩子在家长这里得不到任何意见和帮助，显得彷徨无措；后一种是家长认真倾听孩子的诉说，对孩子的困惑及时干预，适当地给予指导，经过帮助，孩子豁然开朗，作出了正确的交友选择，极大地增强了孩子对父母的信任感，改善了亲子关系。

三、组织反思（20 分钟）

1. 欣赏小品《咱俩多铁呀》

瘦小的学生小马是"受气户"，被同学欺负后好朋友小王替他出气、撑腰；小马饿了，小王就自己掏钱给他买吃的。小马谢小王，他却说，"别谢了，咱俩多铁呀"。久而久之，两个人经常在一起关系越来越好，形影不离，小马去学校搞破坏、砸玻璃、偷书，小王赶紧帮忙，小马旷课打架，小王也跟着上，小马敲诈、勒索，小王帮着他拳打脚踢。最后，这对铁哥们儿双双进了派出所。

2. 家长讨论

（1）如果你是小马的家长，应该怎么做？

（2）如果你是小王的家长，应该怎么做？

（3）如何引导两个孩子成为积极向上的学生？

3. 教师小结

很多家长都对孩子如何交友存在困惑，希望通过自己的引导能够帮助孩子解决交友过程中遇到的问题。

四、引导践行（18分钟）

1. 亲子访谈——说说心里话

（1）孩子采访家长：父母对孩子的朋友圈有什么看法？

（2）家长倾听：孩子近期的交友烦恼。

（3）共同制定家庭成长公约，共同成长，尊重孩子，引导孩子正确交友。

（4）小组分享：邀请家长和孩子一起说说心里话。

2. 家长辩论赛：如何看待孩子的异性交往？

（1）在家长中选出两只辩论队，其中一方的观点为支持孩子交异性朋友，另一方的观点为反对孩子交异性朋友。

（2）双方就自身立场展开辩论：到底应不应该支持孩子交异性朋友？

（3）总结观点。

3. 教师总结：给出建议

建议学生：

（1）树立正确的交友观，交友过程中态度要慎重。

（2）树立正确的道德观，厘清同学之间的正常友谊和哥们儿义气的区别。

（3）对待朋友要真情善意，用自己的诚意去感动朋友。

建议家长：

（1）尊重并遵守孩子的社交规则，让孩子选择安全自在的朋友关系。

（2）引导孩子设立积极、健康的交友界限。

（3）学会做孩子的倾听者，积极带领孩子参加公益活动。

4. 结语

家长们，我们生活在这个充满竞争又广泛联系、密切配合的时代，需要我们用智慧的方法引导孩子学会交往的技巧，把握交友的尺度，掌握交友的原则，真正使朋友成为孩子们生活和学习的第二个老师。愿我们的家长和孩子在今后的生活中拥有更多的知心朋友。

五、课后小结及延伸学习

1. 课后小结

（1）本课从实际生活中选取了中职生如何交友的典型案例和典型问题情境，切中了亲子沟通中的实际痛点，活动针对性和家长参与动机得到了强化。

（2）课堂采用参与式的教学方式，通过微型论坛剧场、角色体验活动、亲子情景模拟等方式强化家长的内心体验，并通过活动体验在情景中生成新的感受和观念，大大活化了教学形式，强化了家长应用践行"正确交友"的动机和能力，优化了教学气氛和教学实效。

（3）由于本课时间设置为 60 分钟，对如何指导孩子交友的反思部分稍显仓促，对技巧的解读还不够具体细致，可以增加一个课时进行专门的技巧学习和应用训练。

2. 延伸学习资源

期待家长朋友们重视倾听的艺术和回应的技巧，推荐阅读：

（1）由迈克尔·汤普森、凯瑟琳·奥尼尔·格雷斯、劳伦斯·科恩著，钟煜译的《朋友还是敌人——儿童社交的爱与痛》。

（2）由凯西·科恩著、安燕玲译的《如何培养孩子的社交商》。

学会与孩子正面沟通
——家长会活动设计

刘焕芳

不少父母缺乏有效的亲子沟通技巧，在沟通中常出现暴力沟通的现象。教师应引导父母学习正面有效、具有可操作性的沟通方式，提升其建立和谐亲子关系的能力，指引家长以身作则，通过自己的行为教育孩子如何与他人相处，最终家长与孩子建立基于相互尊重、理解和支持的亲子关系。

一、教学目标

（1）知识与技能目标：了解亲子沟通的五步法。

理解父母与孩子间的暴力沟通是由彼此需求差异而导致的不合适表达引起的。

（2）过程与方法目标：认识暴力沟通的实质。

（3）情感与态度目标：学会使用正面积极的沟通方式与孩子沟通。

二、教学重点

学会使用正面积极的沟通方式与孩子沟通。

三、教学难点

掌握并灵活使用正面积极的沟通方式与孩子沟通。

四、教学策略

活动体验，情境辨析。

五、教学过程

（一）体验准备：绘制沟通地图

家长根据平时自己与孩子的沟通情况，给自己与孩子的沟通进行站位打分（0~10分，分数越高，沟通得越好）。

绘制家长与孩子的沟通情况图。

（二）体验活动：亲子间的暴力沟通

情境扮演：《"我"与孩子的沟通》。

一天下午，孩子在沙发上用手机与朋友聊天。妈妈下班后忙着做饭。妈妈让孩子帮忙收拾饭桌，孩子因为正聊得起劲儿，没马上起身去收拾。

妈妈（抢了孩子的手机）狠狠地说："玩玩玩！就知道整天玩手机！"

孩子怼了一句："我哪有整天玩手机，也就那一会儿。"

妈妈："就一会儿？我让你收拾饭桌你没听到吗？叫你做点儿事就拖拖拉拉，就知道整天玩手机，这么大一个人，怎么一点儿也不懂事！"

孩子（生气了）："不就是没来得及收拾吗，在外面受了气就拿我出气，值得你这样大声嚷嚷吗？"

妈妈："嘿，你这什么态度……"

孩子扭头就走，把房门一关，拿起耳机听歌。

（三）体验探索：暴力沟通的实质

1. 体验活动：思路追踪

（1）"妈妈"的想法与感受。

情景剧中"妈妈"的情绪和内心话分别是什么（见图1）？

下班后忙着做饭，叫了孩子帮忙，孩子没有收拾饭桌。

妈妈（抢了孩子的手机）狠狠地说："玩玩玩！就知道整天玩手机！"

不合适的表达

需求：体谅她的辛苦，必要时给予帮助。

生气 愤怒 委屈

情绪脑

理智脑

孩子没有收拾饭桌，说他就玩了那一会儿手机。

就一会儿？我让你收拾饭桌你没听到吗？叫你做点儿事就拖拖拉拉，就知道整天玩手机，这么大一个人，怎么一点儿也不懂事！

不合适的表达

需求：体谅她的辛苦，必要时给予帮助。

生气 愤怒 委屈

情绪脑

理智脑

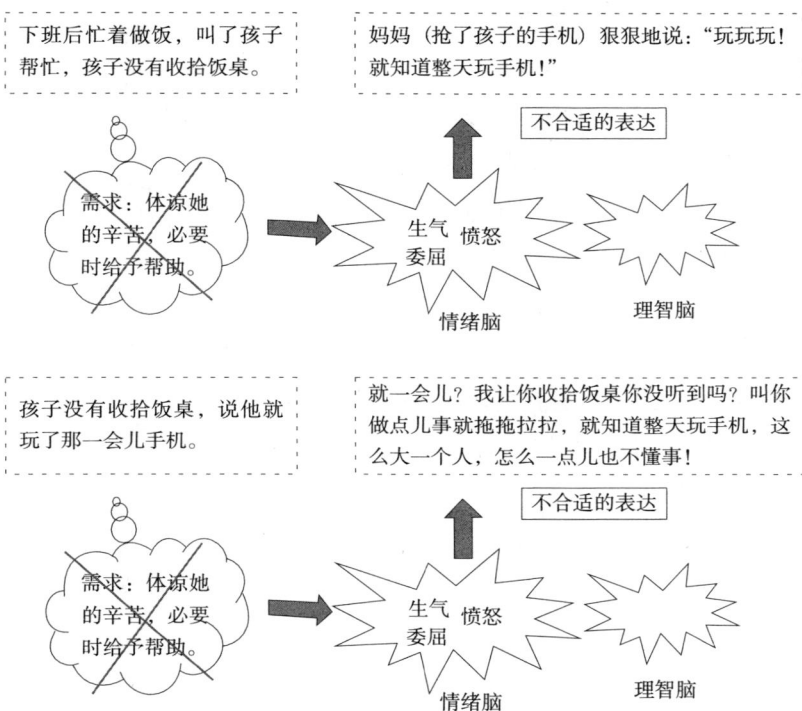

图1 "妈妈"的想法与感受

（2）"我"的想法与感受。

"我"的情绪是什么？"我"的内心话是什么（见图2）？

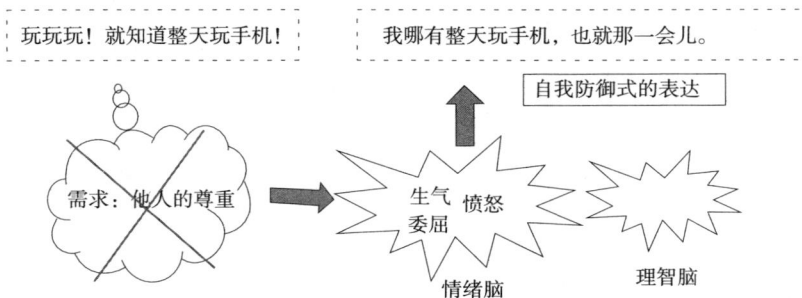

玩玩玩！就知道整天玩手机！

我哪有整天玩手机，也就那一会儿。

自我防御式的表达

需求：他人的尊重

生气 愤怒 委屈

情绪脑

理智脑

图2 "我"的想法与感受

2. 两人暴力沟通的激发点

（1）彼此更多的是关注自己的内心需求。

（2）话语中的主观评价、道德评判、命令、批评指责。

①主观评价：整天玩手机；在外面受了气就拿我出气。

②道德评判：你怎么一点儿也不懂事！

③命令：我让你收拾饭桌你没听到吗？

④批评指责：叫你做点儿事就拖拖拉拉。

当我们更多地注意自己的需要或者痛苦，并用不合适的表达方式表达自己的需求时，暴力沟通就会发生。

（四）亲子沟通五步法

第一步：描述事实。

注意点（关键）：不能言过其实，一次说一件事，不要推测意图，不随意评价。

第二步：表达感受。

宣泄情绪，同时弱化冲突。

注意点（关键）：表达评价 ≠ 表达情绪感受。

第三步：表明需求。需求描述得越具体越好。

第四步：说清请求。

注意点（关键）：请求并非命令，对其要进行正面描述，越具体越好。

第五步：表达理解——寻找孩子情绪的感受和需求，肯定认同。

有话好好说，亲子间的暴力沟通，可能是使用不合适的表达方式表达自己需求导致的。我们需要尊重彼此需求，需求无对错，家长要尊重孩子的需求，也正面表达自己的需求与期待，彼此协商，实现良性的沟通。

展望未来　共同制订职业规划

金显凤

一、中职生实习指导工作指引

1. 加强对学生的职业指导

充分利用班会课和主题教育系列活动，使每个学生充分了解自己将来要从事的职业的工作环境、职业特点，了解自己将来可能从事哪些具体的工作以及岗位要求，逐步清晰自己的职业前景。

引导学生做好职业生涯规划，帮助学生进行自我剖析，客观评估自我；在全面客观地认识主客观因素与环境的基础上，自我定位，确定职业生涯发展目标。

指导学生适时调整自己的期望值，既不要好高骛远，也不能自暴自弃。

鼓励学生利用假期多进行职业调查，接触社会，了解企业，真切感受职业文化。

2. 做好职业生涯规划

实习前引导学生根据自己的性格、能力、兴趣爱好、家庭条件、现实环境等因素设定合适的职业发展目标。

补充职业生涯规划的调整方案。引导学生根据个人发展和现实情况，不断调整职业发展目标与规划，以适应不断变化的现实。

3. 加强对顶岗实习意义的宣传

使学生明白顶岗实习的目的是锻炼自我，让自己具备适应社会、适应企业的能力，顶岗实习阶段是给学生提供一个走向社会的起点，而不是终点。

4. 加强行为规范和纪律教育

通过主题班会开展集体教育，并在课下进行个人教育，使学生充分认识到良好行为规范的养成对自己职业生涯发展的重要性。

强化日常管理，指导学生养成良好的行为和学习习惯。

5. 加强对学生人际交往能力的培养

组织开展各类实践活动，如社会调查、社会服务及各类文娱体育竞赛等，在增强班级团队凝聚力的同时，强化学生人际交往等能力。

6. 做好安全准备工作

（1）学生的安全教育。

企业的管理制度是从长期的经验中总结出来的，是企业管理的依据和推测，有助于维护工作秩序，提高工作效率。一套科学完整的企业管理制度可以保证企业的正常运转和员工的合法权益得到有效保障。实习前获取相关企业的管理制度，组织学生认真学习，教育其严格遵守企业管理制度，确保实习安全。

（2）法律层面的保障措施。

落实国家政策，为实习生购买"双保险"（学生平安保险和职校学生实习责任险），为学生安全实习提供有力保障。

签订《职业学校学生岗位实习三方协议》，严格按照国家关于中职生实习的有关规定明确责任主体，把责任明确在事故前，把权益保障在事故后。

7. 建立并完善与学生家长沟通的平台

通过多种渠道增加沟通机会，建立沟通平台，如微信群、家访、家长会。

8. 在顶岗实习中及时了解学生的思想动态

及时、正确地处理学生在顶岗实习过程中出现的各种情况，切实帮助学生解决各类问题，以帮助学生缩短实习适应期，顺利实现与工作岗位要求的对接，为学生职业生涯的规划与发展打下良好的基础。

二、中职生就业指导工作指引

1. 明确职业方向

开展必要的专业教育，帮助学生在入学之初能较快地确立一个较为明确的职业方向，并较为清晰地规划出职业发展路径。

2. 开展就业心理辅导

（1）对工作压力的理解。

（2）以积极的心态面对加班。

（3）增强沟通与协作的意识。利用主题班会适时阐明沟通与协作对于现代职场的作用，在加深学生思想认识的基础上，充分利用课余时间、体育比赛、校园劳动等各种机会，引导学生组织和开展团队活动，让其在活动中体验沟通的效果，感受协作的力量，体会"求大同、存小异"达成总体目标的处事艺术。

（4）加深对竞争与发展空间的认识，提高学生的竞争意识，使其明白发展空间和晋升机会是留给有准备的人的。

3. 引导学生树立正确的就业观念

先就业，再择业。对一部分人来说，还有创业的选择。

4. 加强自我认知，做个自信的求职人

（1）正确认识自身的优势，摆正心态。

（2）正确评估自我能力，努力提升自身专业水平。

5. 引导学生做好就业的准备

（1）知识和能力的准备。学生在校期间要有意识地夯实专业基础、丰富知识储备、提升能力素养，就业时自然有更多的机会，也可有更大的发展空间。

（2）身体的锻炼和视力的保护。锻炼身体，增强体质，这样才能在应聘时顺利通过企业的面试和体检等环节。

（3）社会实践的参与。教师可鼓励学生利用寒暑假或其他课余时间寻找兼职机会，积极参加有益的社会实践，对兼职工作的选择尽量靠拢所学专业，或者选择其他可以锻炼能力的相对复杂的工作。不必过于在乎兼职的报酬，重要的是这份体验是否有利于经验的积累和能力的提高。

（4）面试环节的模拟。第二学年，教师利用班会课适当进行应聘面试的模拟演练，帮助学生逐渐熟悉面试的基本程序，增强心理素质。此后的演练可以由学生干部组织，自行展开，学生在演练中既适应了面试氛围，又锻炼了组织能力。

（5）做好应聘前的功课，包括制作简历、掌握面试技巧，了解注意事项等。

（6）学生要学会合理利用社会资源，同时谨防上当受骗。

6. 引导学生与家长充分沟通

可与父母建立联系，充分沟通，帮助自己更好地了解自我，使就业之路更顺畅。

三、中职生升学指导相关工作指引

1. 学生层面

（1）找准升学方向，清楚自己是想获得本科学历还是大专学历。本科的录取线相对更高，意味着要付出更多的努力。明确目标后，再有针对性地准备考试。

（2）利用好业余时间查漏补缺，做个自律、自觉的学习人，提升学习成绩。

（3）利用班会课开展学习经验的分享，进行学法指导，养成良好的学习习惯，进行有效的学习，为高质量的升学做铺垫。

2. 家长层面

（1）参加中职升学指导说明会，深入理解指导老师对升学政策的解读，多渠道获取升学信息，为学生升学作准备。

（2）对孩子进行积极、正确的指引，帮助孩子树立升学目标。

（3）时时关注孩子的学习动态，理性对待成绩的起伏，积极鼓励，做孩子的坚强后盾。

3. 教师层面

（1）提供必要的信息支持，让家长和学生能在掌握更多信息的前提下为子女或自己规划一条更适宜、更科学的升学就业之路。

（2）重视学生的主动性、计划性，留意其心态的变化。

（3）定期对学生进行心理辅导，缓解学生的升学焦虑与压力。

（4）解答家长和学生关于升学的相关疑惑。

（5）做好学生网上注册升学报名和信息采集工作。

（6）组织学生的体检工作。

正确指引孩子的升学与就业
——家长课堂教学案例

徐江娟

主题：正确指引孩子的升学与就业——鼓励孩子走向阳光人生之路

班级：综合 192 班

班主任：徐江娟

授课时长：60 分钟

上课时间：2021 年 10 月 18 日

参加家长人数：40 人

〔课前准备〕

一、教学大纲的要求及教学目标

教育部职业教育与成人教育司前司长陈子季多次在新闻发布会上表示，要推进中等职业教育多样化发展，从原来单纯的"以就业为导向"转变为"就业与升学并重"。中职学生的升学曾在一段时间内被严格限制，国家对于职业教育曾有"3 个 5%"的规定，严格控制专升本、五年制高职招收初中毕业生及高校对口招收中职毕业生的规模。因此，长期以来社会上有一种"读了中职就不能上大学"的错误认知。

随着经济社会的发展，中职的升学政策逐步放宽。2019 年国务院颁布了《国家职业教育改革实施方案》，首次提出建立"职教高考"制度，中职学生有了一条专门的升学路径。随后，高职扩招取消了高职招收中职毕业生的比例限制。2020 年 12 月 8 日，教育部召开教育 2020 "收官" 系列第三场新闻发布会，介绍 "十三五" 期间职业教育改革发展情况。时任教育部职业教育与成人教育司司长陈子季在会上强调，增强职业技术教育适应性，有三点要把握好。其中之一就是要建立职教高考制度，并依托这一制度把中等职业教育和职业专科教育、职业本科教育在内容上、培养上衔接起来，下一层级的职业院校的学生可以通过职教高考制度进入更高层级职业院校的任何专业学习。

种种政策已表明，中等职业教育是职业教育的起点而不是终点，中职学生的升学需求已经得到政策的正视和支持。从严格控制中职生升学到中职教育 "就业与升学并重"，这一转变背后是构建现代职业教育体系的要求，也是中职学生向上发展的刚需，更是产业发展对人才层次高移的现实需要。《中华人民共和国职业教育法》的修订，更是铺平了学生的升学之路，给中职学生带来了更好的发展机会。中职学生也可以参加职教高考，顺利地考取本科、研究生，学生和家长赶上了好时代。

本课堂的教学目标为：

（1）解读职教高考政策，让家长深入了解中职生的升学之路，感受政策对此的支持。

（2）指导家长用正确的方法教育和帮助孩子升学，多鼓励孩子，培养孩子的自信心，使其能积极、乐观地备考。

（3）指导家长用平和的心态，处理好家庭关系，不要把负面情绪带进家庭，给孩子创造宽松的备考环境。

二、家长及学生基本情况分析

家长送子女读中职，大部分都期盼自己的孩子能继续升学，升入高等学府进一步深造，这是一份对美好生活的真切向往。但家长或忙于工作，或是眼界不广，对中职升学的了解不够；或是文化层次不高，对孩子的升学无法给予正确的指导，并由此产生担心和焦虑的情绪。这种担心和焦虑如果无法缓解则会升级为矛盾，并影响孩子升学。据统计，85% 以上的中职生选择继续升学，他们期待父母能成为其坚强的后盾，助他们实现大学梦。

【教学过程】

一、导入（2分钟）

据《2021 中国职业教育质量年度报告》数据，2020 年中职升学人数达 145.33 万人，升学率为 49.24%，升学人数比 2019 年上升 5.07 百分点。《中华人民共和国职业教育法》的修订，更是铺平了中职生的升学之路，中职生也可以参加高考，考取本科、研究生，我们的孩子赶上了好时代。在"望子成龙，望女成凤"这条路上，孩子需要自信，因为只有自信的孩子才能战胜困难，离梦想越来越近；家长更需要自信，因为自信的家长才能出培养出自信的孩子。两个多月后，孩子就要参加 2022 年的广东省职教高考。各位家长，你们准备好了吗？

二、一睹风采（8分钟）

学校一直以来都很注重学生的升学工作，近年来我校升学率在 95% 以上，尤其在中职升学政策放宽后，部分学生还升入了本科。

（1）展示数据，让家长们了解近几年我校的升学情况。我校升学率在佛山市顺德区的排名靠前，实力不容小觑。

（2）破茧成蝶，完美逆袭，优秀学生风采秀。展示近几年来我校考上本科的优秀学生的风采。

小结：以上数据和案例在充分展示学校实力的同时，也给家长吃了一颗定心丸，增强他们对学校的信心，从而激发他们对学校工作的支持。

三、解读职教高考政策——中职生的福音（10 分钟）

职教高考是面向职校学生（中专学校、技工学校、职业高中）设置的考试升学形式，教育部逐步建立职教高考制度，使之成为高职考试招生的主渠道。职教高考采用"文化素质＋职业技能"考试的招生办法。

1. 职教高考科目

职教高考考试科目包括考语文、数学、英语、专业理论知识和专业技能。

2. 中职生也可以实现读研究生的梦想

升学路径：中专→专科→本科→研究生。

3. 职教高考的优势

（1）有效避开学生文化课基础差的劣势。

职教高考除公共课（语文、数学、英语）外，还要考专业综合科目，可以通过专业课的优势，弥补文化课基础差的劣势。

（2）考上大学概率大。

职教高考面向的是职业院校的学生，是职校生之间的竞争。参加职教高考的人数较少，考试难度低、题量少，竞争激烈程度远比普通高考低得多。近年来，随着国家大力发展职业教育，更多高校转为应用型大学，扩大了多个学校在职教高考中的招生比例，让更多职校生可以通过职教高考考专科、升本科、读研究生，打开了职教学生继续深造的大门。

（3）未来就业形势好。

职业院校坚持市场导向，紧密对接经济社会发展需求而开设专业，包括汽车运用与维修、电子技术、信息技术、电子商务等，学生的就业前景较好。

（4）前途不可限量。

职教高考是一次大的变革，中职生毕业也可以上专科、本科，往上还可以考研，甚至读博。通过职教高考，学生在拥有扎实专业技能的同时还可以拥有高学历，中职生参加职教高考前途不可限量。

小结：对职教高考政策进行解读，让家长对中职生的升学有更深入的了解。随着国家政策的利好，职教高考会越来越得到家长和学生的重视。

四、正确指导孩子升学（25分钟）

（1）设置"家长吐槽信箱"环节。展示在孩子的升学路上，家长们共同"心声"。

（2）播放视频。往届优秀学生家长（2位家长）分享，在升学之路上，他们教育和引导孩子的经验。

（3）设置"爸妈请听我说"环节。展示孩子写给家长的信，聆听孩子的心声。

（4）关于孩子备考期间，家长可以为孩子做些什么呢？有以下几点建议：

第一，用理想激励孩子发奋学习，勇攀知识高峰。作为一个清醒的家长，应该时刻用理想为孩子鼓劲、加油，使孩子始终保持昂扬的斗志，一如既往地向着自己的目标挺进。

第二，用理性的态度合理调整孩子对升学的期望值。合理调整孩子对升学的期望值，这有利于保护学生自尊心，激发斗志，让他们感到目标可以达到，希望在招手。作为一个称职的家长，应该掌握孩子的实际水平，在沟通时尊重孩子的意见，不施加过多的压力。

第三，用平和的心态应对孩子学习成绩的变化。孩子的学习成绩往往是家长最为关心的敏感问题，成绩考好了，家长一副阳光灿烂的样子；成绩下滑了，家长就会立刻"晴转多云"，这些都会给孩子造成负面影响。因此，家长要有正确的态度面对孩子学习成绩的变化，具体可做到：首先，家长要稳定情绪，冷静地帮孩子分析原因。其次，要培养孩子的适应能力。再次，要培养孩子独立思考的能力。最后，家长始终要注意与孩子进行双向沟通。

第四，用恰当的关爱慰藉孩子的心灵。人与人之间需要互相关心和帮助。但是，如果一个人强迫别人接受自己的关怀，使别人依赖于自己的关怀，这就是一种不健康的、带有破坏性的心理和行为问题了，所以家长一定要注意把握关爱孩子的分寸。

第五，营造和谐的氛围，让孩子从容自如地备考。家长要把非常时期营造成平常时期，不可常问敏感问题，要给孩子松绑，减轻心理压力，也不要轻信道听途说。

五、引导践行（15 分钟）

（1）用卡片写下对学生的祝福语，以祝福墙的形式在教室展示祝福语，让学生感受来自父母那份深深的爱，并带着父母的祝福，自信备考。

（2）亲子之间彼此承诺（保证在备考期间彼此都减少负面情绪，互相尊重、理解），拥抱彼此，化解内心的"那道墙"，留下温暖，让爱生花。

结语：望子成龙、望女成凤是为人父母的共同愿望。在当今社会，从家长到孩子，都把考大学作为改变人生命运的重要途径，但并非每个人都能如愿以偿。能否考上大学，取决于多种因素的综合作用，其中有主观原因也有客观原因，有个人原因也有社会原因，家长应用正确的方法教育和引导孩子，助力他们以更阳光的心态备考，期待他们在两个月后的职教高考中出色发挥，考上理想的大学。

六、课后小结及延伸学习设计

1. 课后小结

（1）课堂采用情景式的教学方式，通过吐槽信箱、播放视频、聆听心声、卡片祝福和亲子互动等方式让家长有机会与孩子坦诚交流，聆听孩子心声。在教育和指导孩子升学方面，家长能提升自我，助力孩子实现大学梦。

（2）课上的教学时间有限，教学内容的丰富性也有限，希望家长可以合理利用网络资源进行延伸性学习。

2. 延伸学习资源

可观看相关书籍、视频等。

如何引导孩子做好毕业准备
——家长会活动设计

李俊密

活动目标：

（1）让家长认识到引导孩子做好毕业准备的必要性和重要性。

（2）让家长掌握引导孩子做好毕业准备的方法。

活动对象：中职三年级学生家长。

一、热身活动

毕业生就业工作关系到学生个人的切身利益，关系到学院、学校的长远发展和每一个家庭的幸福，更关系到国家的发展。三年级的孩子面临着由学生到社会人的角色转换。在他们这个重要的人生十字路口，需要我们每一位家长来助力，引导他们顺利走上适合自己的工作岗位。那家长应该如何引导呢？方法是需要学习的。今天我们就从一个小游戏开始吧！

二、体验活动

请在座的家长用桌面上提供的道具（A4 纸 10 张，胶带 1 卷）搭一座50 厘米的纸房子。

制作要求：

（1）房间高度要达标。

（2）房子的稳固度要能通过老师的检测。

（3）搭建时长为 10 分钟。

在家长完成搭建后，教师进行检查。在检查中，教师发现有些家长过于追求高度而忽略了作品的稳固性，桌子轻轻一摇纸房子就倒下了！仅有少量的作品兼具高度和稳固性，能够顺利通过检查。

教师总结：

（1）追求目标不能好高骛远，脱离实际。

（2）稳固扎实才能立于不败之地。

搭房子就像孩子即将面临的就业挑战，我们需要协助他们树立正确的就业观，从而让其运用所学的专业知识把自己的"房子"搭牢建稳。

三、引导孩子做好毕业准备

1. 思想准备：做好心理建设，勇敢迎接角色转换

面对人生角色的转换，首先需要让学生从思想上做好充分准备。正所谓"不打无准备的仗"，思想上做好准备才会避免在实际岗位中出现惶惶不安和手足无措的情况。思想准备包括对职业的了解以及有良好的道德、信念、意志和心理素质，做好思想准备才能成功就业，实现宏伟目标。

2. 职业目标准备：树立科学的就业观，确定切实可行的目标

中职学生经过 3 年的学习，都渴望拥有一份理想的工作，这是人之常情。但如果说一味追求环境好、薪水高又体面的工作，就业期望值过高，脱离了实际，势必会导致就业的失败，无法顺利就业。因此，中职生应该理性地分析就业形势和社会环境，正确地分析自己、评价自己，合理地调整自己的就业期望值，认同从基层做起、从一线做起的理念，找到能够充分发挥自己能力的工作岗位，然后通过自己的不断学习和不懈努力，在平凡的岗位上作出成绩。

目标，是努力的方向。做好择业目标的选择，首先，要进行一个准确的自我评估。具体包括对自己的兴趣、特长、性格、学识、技能、智商、情商、思维方式及今后想从事的职业等内容的判断和分析。为了提高判定的准确性，家长、老师及学生应对这个自我评估作一个"校正"，力求切

实可行。其次，要选择和确立个人目标。选择职业目标重在适合自身，量力而行。目标要务实、可行，还要有挑战性，同时，还要有长远、短期目标之分。最后，要有强大的执行力。专业学习，是择业、就业最主要的职业准备，要有决心和毅力执行职业目标方案，刻苦学习和钻研专业知识，学到真本领，不达目的不罢休。

3. 抗挫折准备：走出舒适圈，迎接新挑战

现在的中职生绝大多数是独生子女，普遍缺乏吃苦耐劳、敢打敢拼的奋斗精神，心理稍显敏感脆弱。家长要协同学校帮助学生在这方面做好准备。要让学生清醒地认识到，无论从事何种职业，要取得成绩、成功都会碰到困难挫折，都需要付出艰苦的劳动。有了这种思想准备，学生就能勇敢地面对困难和挫折，并想办法加以解决。青年人也要有到基层锻炼自己和创业的思想准备。孟子说："故天将降大任于斯人也，必先苦其心志，劳其筋骨，饿其体肤，空乏其身。"许多成功人士都是从基层做起，并付出了艰苦的努力。天上不会掉馅饼，三分靠机缘，七分靠打拼，敢拼才会赢。

四、教师总结

通过今天的交流，相信大家对如何配合学校引导孩子做好毕业准备有了一定的认识和了解。亲爱的家长，我们都希望自己的孩子能在以后的岗位中有所成就，让我们一同携手为他们顺利过渡到社会生活而努力吧！

有温度的育人文化

"琢玉"育人理念下中职学校
温润德育教学实践
——以佛山市顺德区郑敬诒职业技术学校为例

李晓萌

佛山市顺德区郑敬诒职业技术学校自 2009 年获评国家级重点中等职业学校以来,受珠宝玉石专业特色启发,融合新时代教育改革创新理念,汲取中华传统教育思想的精华,创新性地提出了"琢玉"育人理念。"琢玉"育人理念,坚持以人为本,以玉喻人,相信每位学生都是一块璞玉,经过精心雕琢后都能成为独一无二的美玉。学校全体师生在"琢玉"育人理念的引领下开展了大量教学实践,学校还创新性地提出了温润德育,即"让每一位师生都成为出彩的美玉"的理念。

一、温玉·育人篇

1. 坚持一个中心

坚持以服务学生为中心,并把安全工作放在第一位,落实"三严三检"和"五个一律三个必查"。学校定期邀请治安(禁毒)、法治教育、卫生防疫、食品安全、交通安全、消防安全六校长来校做法治、消防等方面的专题讲座,为学生创设一个安全、祥和的学习环境。

2. 锤炼一支学生干部队伍

(1)依托党建带团建,推行学生干部素质培养工程。

(2)发挥自身造血功能,发挥先锋模范作用。开设"琢玉"学堂,全面提高学校各级学生干部的领导水平和创新能力。

(3)深化团委学生会品牌,开展各类服务活动。

①与清晖园博物馆开展"珠愿清晖，诣路同行"合作项目。

②实践全员义工理念，并根据志愿服务时长制作志愿手环。

③和津巴布韦留学生联合组建国际志愿者服务队，前往佛山市顺德区启智学校等学校开展志愿服务。

3. 开展系列化、序列化德育活动

（1）心雕情琢，"三典礼三仪式"触发内心认同。

（2）精雕细琢，社团活动触引成功渴望。

在日常对社团的管理中，我校形成"五定、三落实、双融合"的管理模式。

（3）日雕月琢，组织开展"文明风采活动"，触动青春心灵。

①"三阶段"融入文明风采主题教育，润物无声。

我校"琢玉"育人理念分为粗凿璞玉—细琢美玉—精雕灵玉三个阶段。在粗凿璞玉阶段，我们主要引导学生学习新思想、感悟新时代、坚定理想信念、践行社会主义核心价值观和《中等职业学校学生公约》，厚植爱国主义精神，提升学生的核心素养。根据年级特点拟定学习目标，根据专业特色开展德育活动，主要组织开展"铸魂"的主题演讲活动和"筑梦"职业生涯规划大赛。

在细琢美玉阶段，我们主要培养精益求精、阳光自信、乐观向上、奋发有为的人才。学生进入班级或实训车间，就要对实操持敬畏心，有培养专业品质的意识。例如，珠宝类专业学生，在上课过程中培养"诚实守信、精通业务、维护商誉、注重节约"等从业品质。学校为挖掘及记录这些过程，将以"匠心"主题的摄影比赛、微视频比赛深入每个班级，要求辅导老师将活动开展与培养"细心、专注、努力、奉献"等精神相结合，让工匠精神成为学校的一种品质文化。

在精雕灵玉阶段，我们主要培养学生的综合素养。例如，开展"五四"颁奖盛典、"星级班级星级学生"颁奖活动、"我的专业我做主"技能大比武等，并定期对学生进行评价，给予反馈结果，让学生体会成功的喜悦。学校将"出彩"的主题教育和"吃苦、奋斗、创新、卓越"等精神相结合，让学生在各种活动和比赛中尽显其才，大放异彩。

②"三渠道"开展文明风采主题活动，精准育人。

对接课程，从"实"育人。

对接社团，从"需"育人。

对接特色德育活动，从"心"育人。

例如，在舞台秀的大舞台，学生可以通过演讲、诵读、分享职业生涯规划、开设个人摄影展、珠宝作品展等形式，展现风采。

二、琼玉·教师篇

（1）锤炼一支"育德育心、温润如玉"的班主任队伍。

（2）启动工作室建设工程，构建德育共同体。

郑敬诒职业技术学校共建立了 2 个工作室，分别是"37℃名班主任工作室"和"明正唐顺家庭教育工作室"。37℃名班主任工作室现在已经升级为顺德区孟艳艳名班主任工作室。

孟艳艳名班主任工作室以"专家引领 自我发展 抱团前进 提升推动"为指导，用有温度的德育方法温暖曾在中考中失利的中职生，雕琢学生的心灵，培养学生的职业素养，使学生能够健康自信地走向职场，融入社会，润泽他人；明正唐顺家庭教育工作室以"家校共育、明德正心"为指导，用和善而坚定的思想与家长携手学习养育孩子的方法，打造"养育合伙人"。

（3）发挥思政课骨干教师示范作用。

（4）发挥心理健康教师及校保健教师的专业能力。

①建立了学校心理建设和干预工作专班，并设立了学校心理危机执行小组和学校心理危机公关小组两级干预网络（见图1）。

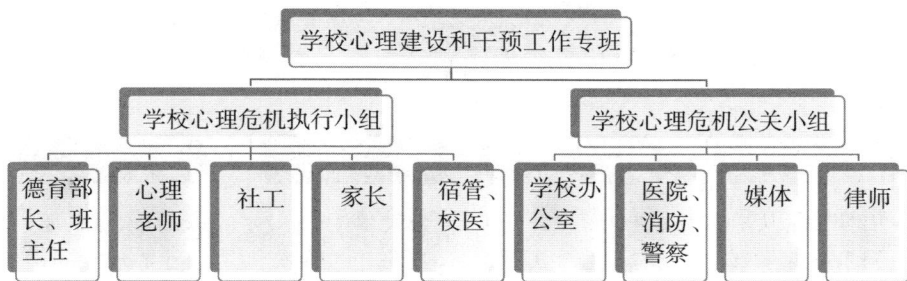

图1　心理建设和干预工作专班

②配备了三名校医，其中一位主治医师、两位护师，并聘请了医院某位主任医师担任学校健康卫生健康副校长。

（5）打造德育干部团队。

引入外部教育资源，如深圳鹏威教育公司共育职业素养教育师资团队。采用世界500强企业常用的ATC模式培养讲师，然后以现场培训、课程研讨、授课模拟、"一对一"辅导的方式培养学员，打造出一支能胜任学生职业素养教育的师资团队。

（6）打造家庭导师团。

家庭导师团的成员有家庭教育专家、持证家庭教育教导师、社工、关工委成员、优秀家长代表、企业代表等，能为家长及学校提供多方面的资源。

三、琢玉·教学篇

1. 思政课

采用学科核心素养主导下的议题式教学，构建琢玉思政课堂。

2. 心理健康课

（1）打造琢玉心育工作体系。

我们深信每位学生都是一块璞玉，用心培养，终可成为美玉，在实践过程中，我们提炼出一套完整的琢玉心育工作体系，具体如图2所示。

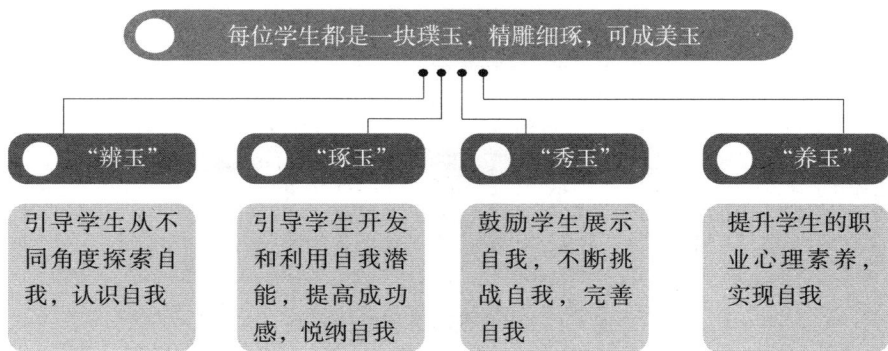

图 2　琢玉心育工作体系

（2）营造适合学生成长的环境。

学校设立了"怡心园心理成长中心"，其与四座教学楼相连，总面积超过 300 平方米，配有六个功能室，是佛山市第一批"三星级"心理辅导室。

（3）设置独具特色的课程。

学校独创"五化一心"课程开发模式，因地制宜地推行课程。

3. 职业素养课

学校开发了内含职业素养教育八大模块的课程内容体系，形成"三境四步"教学模式，课前先布境、入境、深境，通过引问、导答、升华、回题四步骤来展开教学。

4. 主题班会课

学校开发了主题班会课，设置与学生专业及其成长相关的主题，调动学生的积极性，解决其在生活和学习中遇到的问题。

5. 公益技能服务课程

公益技能服务工作已经逐渐发展为学校的一项课程，并列入课表中。期末时德育处还会对公益服务周班级进行评价及考核，评选出优秀公益服务周班级，给予奖励并会专门出一期黑板报对其进行宣传。

6. 卫生与保健课

（1）建立校医室。

校医室建筑面积 67 平方米，设有诊室、治疗室、处置室、医疗废物暂存间。

（2）开设健康教育课。

校医利用各种途径（如大健康课堂、广播、国旗下讲话等）开设健康教育课，进行健康知识和技能的普及，向学生系统地传授健康知识，如预防近视、龋齿、贫血、肥胖、肝炎、肺结核等知识。

7. 家长学校课程及社区、社工公益课程

家长工作坊已经成为开展我校家庭教育课程的重要载体。学校引进广州大同社会工作服务中心驻校社工，实施"缤纷人生"——主题服务计划，对有情绪困扰的学生开展团体辅导课程。

家校社合作，形成学生成长共同体。

构建有温度的班主任专业成长共同体

——佛山市孟艳艳名班主任工作室建设方案

孟艳艳

一、工作室概况

为了践行习近平总书记提出的"广大青年人人都是一块玉，要时常用真善美来雕琢自己不断培养高洁的操行和纯朴的情感，努力使自己成为高尚的人"精神，我校确立粗凿璞玉—细琢美玉—精雕灵玉这一教育方法，温润生命底色、滋润生命主色、光润生命彩色，实施温润德育，落实立德树人根本任务，丰富德育内涵，提升育人质量，并于 2018 年 12 月成立了由广东省名班主任孟艳艳老师主持的"37℃名班主任工作室"。2019 年 12 月，顺德区教育局批准设立顺德区孟艳艳名班主任工作室。2022 年 9 月，佛山市教育局批准设立佛山市孟艳艳名班主任工作室。工作室坚持以人为本，做有温度的德育，以言润心，以研促行，构建心中有爱、手中有法的有温度的班主任专业成长共同体。

工作室现有成员、学员各 22 人，成员由来自贵州台江、肇庆广宁、佛山高明和顺德本地的优秀中职班主任组成。工作室自成立以来，有 1 人获评"广东省名班主任"、3 人获评"佛山市名班主任"、4 人获评"顺德区名班主任"，11 名成员获得区级以上优秀班主任荣誉。工作室 2020—2022 年三年共 3 名成员获得全国中职班主任能力比赛一等奖、4 名成员获得广东省中职班主任能力大赛一等奖、5 名成员获得顺德区班主任能力大赛一等奖。工作室的微信公众号坚持每周一更新推文，截至 2022 年，已发表原创文章百余篇，其中"微言精义"论坛和智慧育人案例给中职班主任们提供了可借鉴的经验，促进了班主任的专业化成长。截至 2022 年，公众号已有粉丝两千余人，辐射城市已达 166 个。

二、建设目标

（一）指导思想

学习贯彻习近平总书记关于教育的重要论述，落实立德树人根本任务。根据教育部办公厅《关于加强和改进新时代中等职业学校德育工作的意见》，教育部、人力资源社会保障部《关于加强中等职业学校班主任工作的意见》等文件精神，以"四有"好老师标准为指引，建设有温度的名班主任工作室，培养更多有温度的班主任，从而培养更多有温度的能工巧匠、大国工匠，为党育人，为国育才。

（二）目标内容

建设有温度的班主任专业成长共同体，构建立足四要素、坚持八个维度的"四点八度"躬身力行的班主任共同体成长体系。即以班主任专业能力提升为根本点、以科研引领为生长点、以班级管理热难点为切入点、以反思升华为关键点，按照政治有高度、活动有广度、认识有深度、积累有厚度、参与有效度、知识有密度、情感有温度、胸襟有宽度的要求，一起用有温度的语言，有温度的行动，形成有温度的力量，从专业自觉走向专业自为，让工作室成为优秀班主任的孵化器、学校德育工作的智库，并形成特色品牌，在班主任专业化提升的道路上温暖前行。

总目标：打造有温度的班主任专业成长共同体。

为实现这一目标，我们设置了关键点、切入点、生长点和根本点，从知识、情感、政治等方面展开（见图 1）。

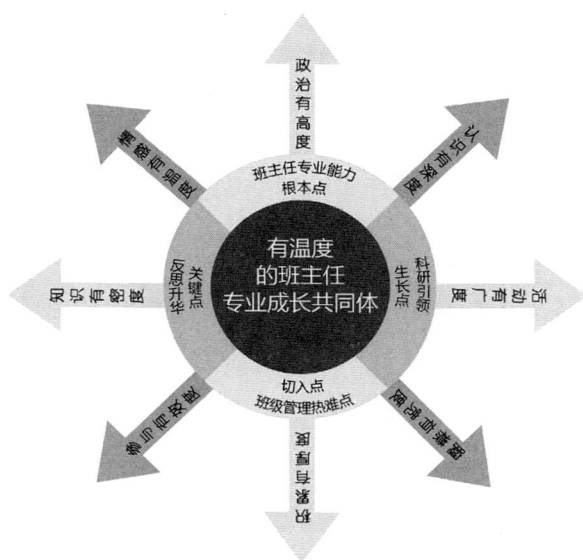

图1 有温度的班主任专业成长共同体

个人目标：成为进阶式成长型的班主任。

班主任以合格班主任为起点，经由优秀班主任、示范型班主任、引领型班主任进阶为专家型班主任（见图2）。

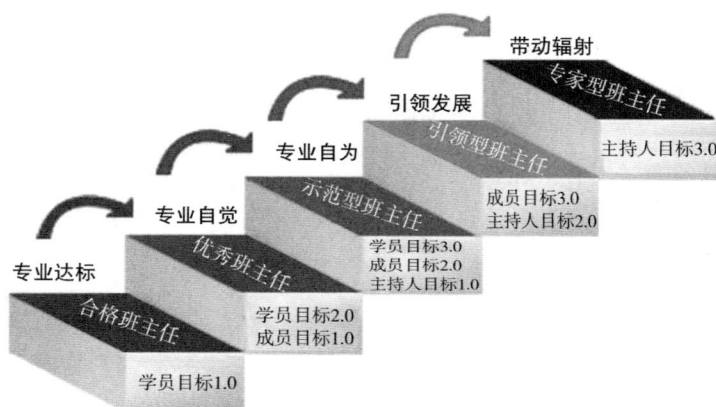

图2 进阶式成长型的班主任

（三）建设思路

坚持以人为本，做有温度的德育，以言润心，以研促行，通过名家引领、课题研究、论坛研讨、心理团建等手段，构建心中有爱、手中有法的有温度的班主任专业成长共同体，达到引领发展、示范辐射、共同成长的目的。

三、过程与成效

为了打造有温度的班主任专业成长共同体，实现引领发展、示范辐射、共同成长的目的，工作室建设过程中从教育教学、班级管理、沟通协调着手，取得了一定的成绩。

（一）教育教学有温度

有温度的教育是指要以学生为中心，润物细无声地在学生心灵上播种真善美的种子，赋能学生终身成长的力量。因此，我们工作室开展"一师一优课"活动，打磨能让"00后"入心、入脑的润心成长课，让班会课变得有滋有味。

工作室的两节润心成长课登上"学习强国"平台，被平台选为优质的心理微课。疫情防控期间的两节防疫班会课被顺德区教育信息网线上教育平台收录，广受好评。

微信公众号开设"一周一文"活动，从积极语言、班级管理和主题活动三个模块进行网络研修，运用积极心理学来提升班主任的幸福感和教育温度，让班主任将铸魂育人工作做得"有心有意"。

（二）班级管理有温度

有温度的班级管理是严中有宽、宽中有爱、爱中有教。为了更好地用智慧的方式来化解突发事件，工作室设立了"微言精义"论坛，围绕班级管理中出现的热点、难点问题展开讨论，由问题驱动，碰撞火花并得出可借鉴推广的方法，使班级管理"有理有据"。

此外，工作室博观取约，厚积薄发，举办了富有温情的"一书一咖"

读书分享会，开展了"一班一品，一师一韵"活动，提炼成员带班育人特色，达到理念共享、文化共育的目的。

（三）沟通协调有温度

"亲其师，信其道"，只有和学生进行有效沟通，才能让其打开心扉，才会使教育效果事半功倍。工作室围绕"中职班主任积极语言的运用"的主题开展班主任语言艺术的课题研究。以言润心，以研促行。从谈话到谈心，从交流到交心。

（四）职业指导有温度

建立成员、学员成长档案。培养骨干班主任成为引领示范型班主任，规划职业目标，使其由专业达标到专业自觉、专业自为，再到引领发展、带动辐射。

我们团队是有情有义、温暖有爱的大家庭。成员不是一个人在战斗，而是有团队的温暖陪伴。我们曾经陪伴参赛选手备战国赛到凌晨，也曾在暑假齐聚工作室陪伴参赛选手备战省赛。这样的经历，让我们深刻明白有努力才会有收获。

1. 团队备赛　国赛连续三年夺冠

2020年，工作室团队指导成员周玲老师荣获全国中职班主任业务能力大赛一等奖；2021年，工作室团队指导成员李慧文老师荣获全国中职班主任业务能力大赛一等奖；2022年，工作室团队指导项目主持人郭俊老师荣获全国中职班主任业务能力大赛一等奖；2021年，工作室团队指导成员肖琼、梁铭逊老师参加并获得全国中职班主任业务能力大赛二等奖；2023年，工作室团队指导工作室助理晏美凤老师荣获全国中职班主任业务能力大赛三等奖、广东省中职班主任业务能力大赛一等奖等。

2. 精诚合作　团体夺冠

2021年，工作室参加广东省第八届中小学班主任专业能力大赛，并获得名班主任工作室建设组一等奖。这一奖项不仅肯定了工作室的建设成果，而且是工作室成员们团结一心、同心同向做教育的证明。

3. 孵化名师　师梦致远

孟艳艳老师获得"广东省名班主任""佛山市名班主任""顺德区名

班主任"等荣誉称号，并指导工作室成员杨伊纯、周卓老师获得"佛山市名班主任"荣誉称号；指导工作室成员冀殿琛老师获得"广东省最美班主任"提名、"佛山市优秀班主任""顺德区骨干班主任"等荣誉称号；指导工作室成员李慧文老师获得"广东省中职名班主任培养对象"等荣誉。

4. 开展讲座　示范引领

工作室共开设讲座 29 次，培训省内外班主任达千人。工作室打造的精品课程已登上"学习强国"平台，被选为优质心理课程。工作室主持人连续三年担任清远市班主任业务能力大赛评委；工作室主持人被顺德区培教小学班主任工作室聘为导师，指导工作室的建设工作。工作室积极为教育部门、学校建言献策，成员积极参加由广东省中小学德育研究与指导中心举办的"名班主任对学生心理问题对策"征集活动，并多次获得公开表扬。

四、反思与展望

1. 工作室的特色与亮点

（1）开展"十个一"有温度的特色活动，提升班主任的专业能力，使班主任在岗位上有幸福感，事业上有成就感，社会上有荣誉感。

（2）以积极语言研究为抓手，构建有温度的班主任专业成长共同体。

（3）打破时间、空间界限，运用"互联网＋德育"相聚云端，以班主任的所遇、所见、所感为内容进行网络研修，共话德育，提升育人效果。

2. 展望

工作室在习近平新时代中国特色社会主义思想的引导下，努力打造有温度的班主任专业成长共同体，做有温度的德育，培养更多有温度的班主任、有温度的大先生，并不断传递这份温暖人心的力量，从而培养出更多有温度的能工巧匠、大国工匠，为党育人，为国育才！

家庭教育工作室建设方案及文化介绍

李晓萌　邢秋雨

一、工作室简介

《贞观政要》载："玉虽有美质，在于石间，不值良工琢磨，与瓦砾不别。若遇良工，即为万代之宝。"我校铸造"琢玉"育人品牌，坚信每位学生都是一块璞玉，经能工巧匠的精心雕琢，赋予其灵性，学生就会焕发崭新的价值和魅力。我们在"琢玉"育人理念的引导下，创建了"家庭教育工作室"。以"做有温度的德育"为室训，做好的家庭教育，可以增进亲子关系，缓和家庭紧张关系，提升家长教育理念，温暖家庭环境；做好的家庭教育，可以帮助学校更好地了解学生，发掘学生潜能，促进学生更全面地发展与进步。

我们工作室以"专家引领　自我发展　抱团前进　提升推动"为指导，追踪中职家庭教育的前沿动态，把握中职家庭教育的发展方向，展示中职家庭教育改革发展新成果，形成有温度的家庭教育团队。

二、工作室的理念文化

1. 工作室理念

以"做有温度的家庭教育"为室训，开展各项家庭教育活动。家庭教育本就是一个有温度的话题，它关乎学生、家庭、学校之间的联系。做好的家庭教育，可以雕琢学生的心灵，培养学生的核心素养，使学生能够健康自信地走向职场，融入社会，润泽他人；做好的家庭教育，可以增进亲子关系，化解家庭矛盾，优化家长的教育理念，温暖家庭环境；做好的家庭教育，可以帮助学校更好地了解学生，发掘学生潜能，促进学生的全面发展与进步。

2. 工作室目标

工作室目标是"用科学方法灌溉，助力家庭教育之树苗壮成长"。家庭教育工作室凝聚了一批致力于家庭教育的教师，他们研究有效的家庭教育方法，并通过组织各类家庭教育活动，帮助家长更新教育理念，提高家庭教育水平，借助专家和教师的专业理论与经验，帮助家长掌握与子女有效沟通的技巧，提升其处理亲子关系的能力，从而为学生营造一个良好的家庭氛围，促进学生健康成长。

3. 工作室宗旨

家庭教育工作室旨在更加规范合理地组织家庭教育活动，总结与分享有效家庭教育经验，研究与开发关于家庭教育的课题与成果，从而促进学校的家庭教育工作，使其有章可循，有目标可实现。同时，增强家校教育影响力，并对优秀成果进行有力推广。

4. 工作室原则

家庭教育工作室的原则是"互动、互通、互享、互建"。家庭教育工作室，首先是工作室成员要以此平台为出发点，学习先进家庭教育理念，分享优秀经验，促进彼此的互相成长。同时，工作室工作的推进需要学校、教师、家长、学生的多方参与，形成良性互动，努力创造和形成相互学习、相互尊重、相互促进的环境与氛围。

三、工作室理念文化的重要意义

1. 提升凝聚力

家庭教育工作室是由一群热爱教育事业，又重视和积极研究家庭教育的优秀教师组成。他们有共同的理想和目标，能够投身于家庭教育的建设之中。在共同的目标和信念引导下，工作室成员有更强的责任心和归属感，为了实现同一愿景，大家团结一致，形成强大的凝聚力。家庭教育工作室的建立，将更有条理地开展学校各项家校工作，将大家的能力形成合力，进一步提升凝聚力。

2. 激发内驱力

家庭教育工作室的建立，将为教师搭建更为专业的平台，促进教师成长，帮助其在家庭教育研究中获得更多的体验和收获。教师的成长，需要自我发展的内驱力和明确的价值取向。而成为工作室的成员，在这一平台中，更能激发教师自身的潜能，使其主动学习、研究和成长。

3. 增强自信力

在家庭教育工作室的各项活动中，教师的自我专业能力能得到更多的认同与肯定。同时，教师也会更有信心地将家校工作做得更专业、更出彩，帮助家校沟通、增进亲子沟通，让学生和家长多多受益，促进学生健康成长。在有文化支撑、有理想目标的工作室的建设中，教师之间也会产生共鸣，增强职业自信心。

四、工作室的实践策略

工作室秉持的理念文化主导着教师的教育行为，只有通过行为实践，才能发挥工作室理念文化的引领作用，才能真正培育具有"成长自觉"的教师。家庭教育工作室的实践策略主要包括开展"主题讲座""主题家长会""家校共育系列沙龙"活动，同时开展"课堂教学""专题研讨"等项目，引导学员不断在实践中获得成长，以工作室为中心，帮助学员积极探索与进步。

1. 多元活动，促进家校合作共赢

家庭教育工作室旨在为家庭教育服务，并提供各类有效的教育方法。这主要包括开设家庭教育主题讲座，如"我的孩子叛逆怎么办""手机问题的'疏'与'堵'"等，直击当代家庭教育热点问题，借助讲座，帮助家长找到合适的处理问题的方法与途径。同时，教师通过开家长会，及时沟通与反馈不同年级面临的关键问题，包括一年级的如何调整心态，二年级的学习选择与升学规划以及三年级如何适应顶岗实习等内容。通过主题家长会，帮助家长及时跟进学生的成长。在"家校共育系列沙龙"活动中，开展一些有意义的导学活动，如"自由与规则""父母如何爱孩子"等，通过情景剧、游戏等方式，使父母获得切身体验与感悟，促进家校共育，创建良好的学生成长环境。家庭教育工作室成员积极探索、组织系列活动，不断促进工作室的发展。

2. 课堂磨炼，奠定专业能力

家庭教育的沟通纽带是教师，做好家庭教育工作，离不开工作室成员的组织与参与。以工作室为中心，成员借助良好的平台，利用班会课、说课的活动形式促进自我成长。积极开展各类班会课和说课，成为提升家庭教育质量的重要抓手。工作室指导班主任开展家庭教育主题的班会课，包括"自主命题班会课""主题班会课""校级公开班会课"，引导教师学习先进的家庭教育理念与方法。同时，工作室通过组织家庭教育主题说课活动，迸发出更多教育思路，完成自我的内化提升。此外，工作室成员将各类班会课成果整理汇总，进行可视化处理，将优秀案例进行推广，以点辐射面，促进教师专业能力的提升。

3. 专题研讨，激发更新教育理念

工作室倡导"资源共享，人人参与，互相辐射"。除了搭建平台让成员积累课堂经验外，工作室还积极关注团队成员研讨能力的提升。工作室定期开展主题研讨活动，在研讨过程中让成员更多地了解家庭教育的教学规律和方法，博采众长为己所用，提升成员的家庭教育与教学能力。成员之间互相讨论，头脑风暴，进行思维碰撞，扩展视野，更新教育理念，学习借鉴更好的家庭教育教学方法。具体说来，在专题研讨活动中，成员会针对某个热点家庭教育话题，如"促进亲子关系""家校共育"等话题，或者学校发生的真实案例，以点带线，以线促面地进行思考与讨论，针对问题，成员间交换意见，找到合适的问题解决方法，从而不断学习与更新教育教学理念，由此提升自己的专业学习能力。

五、工作室的组织架构

工作室聘请了专家顾问团和校内领导团。其中，校内领导团包括吴锋、郭秋生、李晓萌、谭顺祥。

六、工作室的规章制度及主要职责

1．学习研讨制度

工作室成员平时学习以自学为主，根据研究方向，确定主题，每学期至少深入研读一本德育专著，至少学习 5 篇相关的德育论文，利用工作平台交流学习心得，并及时撰写读书体会。

工作室成员积极参加各种德育和班主任研讨活动。由工作室根据研究方向确定主题，建立"每月一主题"研讨制度。

工作室成员在每学期自我发展计划中明确学习内容、学习目标，有选择性地进行学习。积极开展主题班会公开课，在实践中实现自我提升。

2．例会制度

工作室每学期召开一次计划会，讨论本学期计划，确定成员阶段工作目标、工作室教育科研课题及专题讲座内容。

每学期至少安排一次阶段性工作情况汇报会议，检查督促各项工作实施情况，解决工作实施过程中的难点。

每学期召开一次总结研讨会，总结阶段性学习成果，梳理存在的问题，研究解决的办法。

3．工作制度

工作室主持人在工作室研究项目和班主任专业化成长方面制定周期发展目标，为工作室成员制订具体进步计划，安排培训过程。

工作室成员必须履行工作室要求的各项职能，按时完成工作室布置的帮带工作、培训工作和各项研究任务，努力实现培养计划所设定的目标。

工作室成员结合自身教育经验和工作特长确立研究方向，申报课题。

工作室网站、数据库及电子档案资料要及时收集、更新，发布工作动态、成员论文、专题研究课设计。

4. 总结表彰制度

工作室组织学员汇报、展示、交流学习成果与收获，每学年评选一次优秀工作室成员、学员。

工作室对发表和获奖的示范课、论文、案例、课题给予适当奖励。两年评选一次优秀成果课题奖、最佳成果奖。

工作室总结研修工作的绩效，评估工作室成员实绩，验收工作室成果。

5. 主持人职责

工作室主持人负责制订工作室周期内建设方案及发展规划，根据工作实际需要，制定工作室有关管理制度及实施细则和人员职责要求，制订年度工作计划，指导每位工作室成员制订两年成长计划。

周期内主持并完成一项区级（含）以上立项课题研究。课题研究必须围绕当前中职班主任工作或中职德育热点、难点和关键问题进行研究与探索。研究内容包括班主任成长、班级管理、德育课程、德育管理等，形成课题研究报告，在省级以上期刊至少发表1篇论文，尽量单独或与他人合作出版跟研究有关的著作。

周期内主持或组织德育论坛活动，如"名班主任论坛"可以围绕工作室项目、班级管理、德育管理、班主任队伍建设等方面内容进行研讨。每年组织开展不少于2次有关班主任或德育主题论坛活动，邀请知名专家、学者及相关经验丰富的班主任参与点评和讨论。

组织工作室成员到周边教育发达地区或区内同类型工作室进行学习观摩，或邀请国内知名工作室的主持人到顺德进行经验交流。

组织完成年度工作报告，介绍工作室建设和课题研究推进情况，形成并提炼工作室的特色，每年组织成员撰写个人成长总结或反思，总结工作成效，分析存在问题。

建立工作网站（网页），及时反映本室工作动态，共建共享工作室成果。

负责及时将项目研究等有关资料整理归档。各类计划、总结、会议、听课评课记录、教案等材料，以及各类活动图片、视频等音像材料应及时收集、整理归档，为工作室的发展和考核提供材料依据。

6. 工作室成员职责

自觉参与工作室项目研究与建设，接受主持人培养管理与指导，制订个人成长计划，定期向主持人汇报工作，协助主持人做好各种项目研究方案、计划和制度建设等。

周期内参与主持人立项的课题研究，承担课题下设子课题或主要内容的研究。周期内取得相关项目研究成果，在区级或以上刊物至少发表 1 篇论文或在区级及以上论文评比中获奖。

定期向主持人汇报成长情况，每月接受不少于 1 次主持人直接指导，每学期参与不少于 2 次由工作室开展的区内交流或外出学习。周期内撰写完成个人成长故事 1 篇，每年撰写完成德育相关教学案例 2 篇，每年撰写完成德育工作故事 2 篇。

协助主持人进行德育课程开发研究，周期内提供不少于 1 个与德育有关的微课视频。协助做好项目研究、档案资料的搜集和整理，以及工作室网站的建设。

琢璞成玉　逐梦成才
——打造为学生成长赋能的班级文化

李慧文

2017年5月31日，习近平总书记在中国政法大学考察时指出："广大青年人人都是一块玉，要时常用真善美来雕琢自己，不断培养高洁的操行和纯朴的情感，努力使自己成为高尚的人。"我也坚信每位学生都是一块璞玉，经过精心雕琢，都可以成为独一无二的美玉。

2019年秋，我与珠宝194班的同学们首次相遇。我以为这个班的学生会和我带过的珠宝班学生区别不大，因此我采用熟悉的套路希望在这个班再次大展拳脚。但相处下来，我发现以前的那套方法行不通。这个班的学生有一个非常典型的现象：害怕面对镜头，普遍对别人的关注感到不安，不敢尝试和挑战新事物或新任务。因此，为了提升学生的自我效能感，为他们的终身成长赋能，建设一个与时代同向同行、与社会同频共振的班级，我与同学们共同打造了以"琢玉"为核心的班级文化。

一、班级文化内容

1. 班级文化

琢玉文化。

2. 班级目标

（1）班级建设目标。

打造一个具备严明求真班风、严谨求实学风、严正求精作风、凝聚力强、战斗力高的，与时代同向同行、与社会同频共振的班级共同体。

（2）学生培养目标。

培养具备"仁、智、勇、义、洁"玉之五德、理想信念坚定、专业技能与职业素养高、以传承精粹为己任的身心两健、豁达奋进的珠宝技术技能人才。

3. 班级建设理念

基于班级情况，落实立德树人根本任务，结合珠宝专业的特色，提炼出"琢玉"建班育人理念，以玉文化熏陶学生，以玉品德引导学生，以琢玉精神培养学生，通过粗凿璞玉、细琢美玉、精雕灵玉这样层层递进的阶段性目标开展班级建设，为学生的终身成长和人生幸福奠基。

4. 建班育人路径

对于不同年级有不同的教育重点、层层递进，探究育人路径（见图1）。

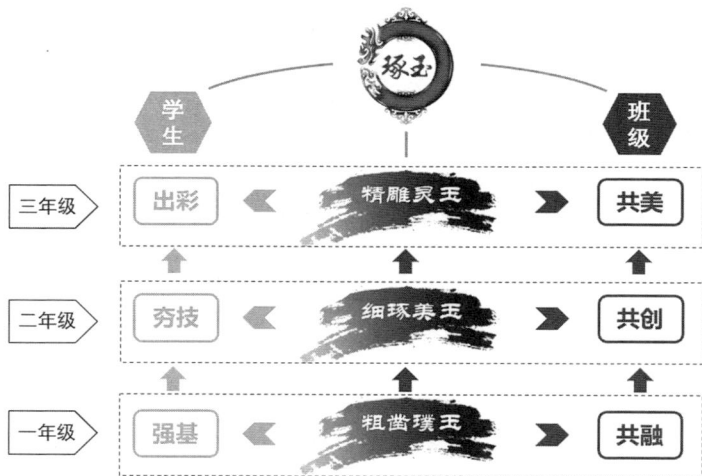

图1　育人路径

5. 班训

树理想信念淬炼玉魂，强职业技能锤炼玉技。

6. 班级口号

千锤百炼出真金，精雕细琢见灵玉。

7. 班歌

《我们都是追梦人》。

8. 班徽

以玉为基础元素，设计班徽（见图2）。

图2　班徽

9. 班级管理

一方面，借助学校德育学分系统，建立学生成长档案，记录学生成长轨迹。另一方面，设置"蚊子信箱"，形成师生沟通的良性循环。

二、班级文化建设过程

为达成班级建设目标，根据《中等职业学校德育大纲》要求，围绕班主任工作的五大职责，结合学生特点，制定与班级建设相关的内容和措施：

（一）一个中心，突出主体地位

以学生为中心，落实立德树人任务，以"琢玉"理念指导班级建设，挖掘玉魂、玉德，引导学生成长成才，提升学生生命质量。

（二）两大载体，筑牢思想基石

1. 以中国精神为载体，筑牢理想信念的"压舱石"

（1）开展"学习强国"打卡活动、沙龙活动，学习习近平新时代中国特色社会主义思想、社会主义核心价值观等先进理论。

（2）抓住重要时间节点，组织学生参观红色教育基地，开展丰富多彩的活动，深挖中国精神，进行中国梦教育、党史学习教育。

（3）开展演讲比赛、书信评比活动，加强对学生理想信念教育。

（4）结合成人礼、毕业礼，提升学生的责任担当意识和感恩意识。

2. 以优秀传统文化为载体，筑牢文化自信的"试金石"

（1）开展经典诵读活动，领略典故蕴含的智慧，萃取思想精华，延续文化基因。

（2）通过"旧物新说""印象园林"珠宝设计活动，推动传统文化的创造性转化和创新性发展，增强学生的民族认同感与荣誉感。

（三）三方联动，促进协同共育

1. 联动各方教师，扎好专业发展"同心结"

（1）组建科任教师工作联络群，开展科任教师联席会，共商班级发展。

（2）邀请领导、竞赛教练进课堂传经送宝，共建专业发展。

2. 联动家长，画好家校共育"同心圆"

（1）组织线上、线下家访活动，建立家长微课堂，邀请家长走上教室讲台，达成共育效果。

（2）开展形式多样的亲子活动，改善亲子关系。

3. 联动校企合作单位，走好产教融合"同心路"

（1）借助学校力量，推动班级积极参与校企合作项目。

（2）开展职场文化系列活动，整合资源，邀请企业走进来，帮助学生走出去，畅通专业发展通道。

（四）四大途径，凝聚班级力量

1. 加强制度建设，让班级运转有理可依

（1）与学生共议各项班级管理制度，引进企业精细化管理理念与管理模式，定期修订、完善制度，形成班级生态场。

（2）开通并运营班级微信公众号，设计具有班级特色的吉祥物形象。

2. 重视文化引领，让班级内涵有处可托

（1）布置教室文化角，打造"五净"教室环境，引进企业文化元素，形成浓厚的专业氛围。

（2）细掘班级精神，凝练班魂、班徽、班训、班级愿景、班级口号等。

3. 深化组织建设，让班级管理有人可靠

组织班干部竞选，以大力发现培养为基础，以强化实践锻炼为重点，以实现自主管理为目标，形成核心管理团队。

4. 创新增值评价，让学生发展有章可循

对标珠宝专业人才培养计划，根据学生实际情况，构建多元评价机制，建立学生电子成长档案袋，实时跟踪、更新学生成长情况。

（五）五个抓手，助力学生出彩

1. 生涯指导，夯实技能水平

（1）开展"真人图书馆""匠心学堂""一职为你"等活动，邀请专业名师、朋辈榜样、行业能手、企业经理走进课堂传经送宝。

（2）依托学校珠宝工作室、专业技能竞赛，提升学生专业技能。

（3）鼓励学生参加文明风采大赛，并撰写职业生涯规划书，加强对学生的职业生涯规划教育。

2. 劳动教育，培育职业素养

开展劳动技能服务周，组建专业志愿服务队进社区，邀请劳动模范进课堂，学习工匠精神、劳模精神、劳动安全和法律法规知识，培育学生积极向上的劳动精神、提高学生的职业劳动技能水平。

3. 精粹美育，提升品鉴能力

借助名画欣赏、珍宝鉴赏、纪录片观赏等方式，帮助学生培养审美能力，提升人文素养，塑造美好心灵，增强文化自信。

4. 心康教育，增强生命韧劲

携手心理老师，开展自我效能系列团辅活动；组建朋辈心理互助小组及线上"心灵树洞"释压区，帮助学生增强心理韧劲，激发生命活力。

5. 阳光体育，帮助强身健魄

开展"体能加油站"阳光大课间，鼓励一人一项运动特长，推广舞狮、龙舟等传统体育项目，帮助学生在体育锻炼中享受乐趣、增强体质、健全人格、锤炼意志。

三、班级文化影响力

1. 缘起——公开表扬引反抗

那天，我比往常提前半小时来到教室，一个低着头认真扫地的背影差点儿让我"惊掉下巴"。这不正是我们班的小浩吗？好迟到、好睡觉、好顶撞的他，怎么会这么早出现在教室里打扫卫生呢？虽然我满脑子的不可置信，但这千载难逢的机会可不能错过，必须表扬！我一边想一边走上讲台，对着全班同学说："小浩实在太棒了……"我以为我的表扬会让他很高兴，谁知接下来的一幕，却让我毕生难忘。他一把将扫把摔到地上，瞪着我说："关你什么事，我不干了。"说完，便扭头趴在桌子上继续当"睡神"。

那一瞬间，教室里的空气仿佛凝固了，我的脸红了又白，白了又红，我的心就像那把被丢弃的扫把一样，"砰"地一声砸在地上断成两段，无辜又悲凉。看着那个叛逆的背影，我的第一反应就是冲过去把他骂醒，可刚迈开脚步，其他同学错愕的惊呼声撞进了我的耳中。"不，我不能这样，这样只会使情况更糟，与我的初衷完全相悖。"我深吸一口气，让自己冷静下来，然后默默地将扫把捡起来，转身离开了教室。回到办公室，我的胸口仿佛被压着一块大石头，久久不能释怀。学生不是都希望得到老师的关注和表扬吗？为什么在小浩这儿就行不通了呢？难道是我一直秉承的积极教育理念错了？看着那把被摔成两截的扫把，想想好心被当成驴肝肺的自己，我的眼泪夺眶而出。

2. 寻因——静心思考因何在

接下来的两天，我每每见到小浩，都不知道应该跟他说些什么好。而他，似乎也总是回避着我的眼神。直到两天后，我忽然见到办公桌上放着一个信封，上面画着一个小扫把。难道是他？我既紧张又期待地打开了信封，信纸上写着：我不是故意的，落款同样是一个小扫把。果然是他！虽然信只有短短6个字，但泪水再次模糊了我的双眼。

这两年来与小浩相处的点点滴滴如电影画面般，一幕幕出现在我眼前，平时被忽略的细节也被一一唤醒：他受表扬后的脸红、早到后渴望关注而又闪躲的眼神、完成实训作品时的笑容……从小被贴上"三好"标签的小浩，其实比任何一个学生都更希望得到大家的肯定，但直白的表扬又让他产生自我怀疑，从而启动自我防御机制。小浩并不是对我的关注与表扬感到不屑，只是我用错方法了。与小浩相处不能简单套用对其他学生的表扬方式，他需要的是润物无声的关注与表扬。

3. 解决——柳暗花明又一村

想到这里，我马上执笔，以象征说悄悄话的"蚊子"身份，给他写了一封回信，细细解释了我那天的初衷以及对他的期望。"你说得好像也有道理，我尽量试试吧"，小浩又回信了。

就这样，从最初的有事说事到谈天说地，书信慢慢成为我俩心照不宣的交流媒介。通过文字的力量，我欣喜地发现小浩的性格变平和了，违纪也少了。

小浩在珠宝加工方面很有天赋，我便在给"小扫把"的信中，鼓励他报名参加学校珠宝工作室的选拔活动。他虽然迟疑，但还是踏出了第一步。靠着自己的努力，小浩一步步实现了自己完美的蜕变。在今年上半年的珠宝技能竞赛中，小浩获得了广东省一等奖的好成绩。

4. 应用——拓宽沟通新渠道

其实，我们班上与小浩情况相似的学生还有很多，他们或许性格过于内向，不敢面对面交流；或许长期被误解，不善于表达自我……我是不是也可以像与小浩那样，用书信打开他们尘封已久的心门呢？学生都叫我"蚊子"，我可以开设一个"蚊子信箱"吗？

想到这儿，我动手在桌面布置了一个"蚊子信箱"。起初，学生觉得难为情，"蚊子信箱"门可罗雀。我并不气馁，而是主动出击，根据学生的具体情况发出蚊子信件。一来二去，学生的心门终于被我的蚊子信件敲开了，他们开始回复我的信件。

让我欣慰的是，有越来越多的学生主动向"蚊子信箱"投递信件，向我诉说他们的苦恼、困惑，分享他们的快乐。

通过一封封的信件，一个个鲜活的生命个体呈现在我面前，原来去掉保护色的他们，内心世界如此丰富多彩，这些信件也让我更加直观地认识到属于他们这个年龄的迷茫与焦虑。

除了给个别学生写信外，我还通过"蚊子信箱"定期发出我给全班同学的一封公开信，以此来科学布局班级各阶段的管理重点，解决学生的集体困惑，推动班级稳步前进，帮助学生扎实成长。

"蚊子信箱"虽不起眼，但已成为我与学生交流不可或缺的重要阵地。我们在这里实现心灵的碰撞，发现潜在的力量，学生在学校体育艺术、专业技能等各大领域大放光彩，成就更美好的自我。

5. 启示——玉有不同各雕琢

正如习近平总书记所言，广大青年人人都是一块玉，要时常用真善美来雕琢自己，不断培养高洁的操行和纯朴的情感，努力使自己成为高尚的人。我也坚信每一位学生都是一块独一无二的璞玉，需要我们顺着他们的成长纹理，使用不同的技巧与方法精心雕琢，唤醒他们的潜能，赋予其出彩的空间，使其最终成为一块美玉。

齐"芯"合力 一"芯"向上

——齐"芯"班班级文化

郑晓娥

"蓬生麻中，不扶而直；白沙在涅，与之俱黑""近朱者赤，近墨者黑"等古语都道出了环境的重要性。中职学生文化基础较为薄弱、自我约束力不强，班级环境的重要性不言而喻，其对学生的身心影响重大。班级文化作为班级环境的重要组成部分，不仅影响学生对学习的重视程度以及对学校各项活动的参与，而且影响学生综合素质的全面提升和自我个性特长的发挥。

一、班级文化的内容

1. 班级文化

"芯"文化（齐"芯"合力，一"芯"向上）。

2. 班级建设目标

（1）建设一个环境洁净、举止文明、学风浓厚的班级。

（2）每个学生品行端正，特长鲜明，学会学习、学会负责、学会合作、学会助人。

（3）立足班级建设，参与校园服务，尝试社区服务。

3. 班级建设理念：眼中有生命 心中有学生

教师坚持以学生为中心的育人理念，运用"朋友型"育人模式，把自己摆在与学生平等的位置上，自视为班集体的一分子。班级气氛活跃，师生关系融洽，带动学生也把自己视作集体的一分子，使其积极参加学校组织的各项活动。在温暖向上的氛围中培养学生的自爱、自信、自律、自强的品质以及积极面对问题和解决问题的能力，培养为社会主义现代化建设服务的人才。

4. 班训

祖国高于一切，才华献于人类。

5. 班级口号

人格自尊、行为自律、学习自主、生活自理。

6. 班歌

《一起向未来》。

7. 班徽

利用芯片元素，设计班徽（见图1）。

图1　班徽

8. 班级公约

结合三年班级目标制定"芯"公约，具体包括：

初"芯"：贯彻始终。

核"芯"：焦点中心。

专"芯"：专心致志。

用"芯"：认真做事。

二、班级文化的建设过程

1. 制定班级文化主题

不同的班主任，不同的班级，情况都不一样，每个班级适用的班级文化也不一样，这就要求班主任在带班初期，要充分了解学生，根据学生的专业、特长、兴趣、爱好、经历，以及班主任自身的优势等，与学生共同讨论，确定本班的班级文化特色，制定班级文化主题。例如，我所带的机器人191班，芯片是机器人的核心，班徽设计成一块芯片，期冀学生成为中国"芯"制造的参与者、维护者，让我们的国家不再有无"芯"之痛。

2. 调动学生参与班级文化建设的积极性

（1）健全制度、培养习惯。

班级的规章制度是为了给学生在平时的学生生活中提供准则，开学初，结合学校的校规，我与班级学生就考勤制度、课堂纪律制度、仪表仪容制度、清洁制度、投机管理制度等进行了充分的讨论，并安排代理班干部对照各项班级管理制度认真执行。制度制定出来就要严格执行，初期班主任会非常辛苦，如果刚开始班主任不检查、不落实、不奖惩，那么学生是不可能自觉执行的。只有日复一日地坚持，才能培养学生良好的行为习惯。比如每周班会课的最后五分钟，我一定会检查学生书桌，看其物品摆放是否整齐、有无堆积无用的东西，如果发现做得不好的同学，我就用不伤害学生自尊的方式提出整改意见。如此坚持一段时间之后，学生知道我不是开玩笑的，大部分就会认真执行制度了，哪怕他们最初是在我面前装的，但装着装着就习惯保持良好的行为习惯了。

（2）布置教室、形成班级文化。

教室是学生在校生活中的主要活动场所，教室环境作为班级文化中的物质组成部分，是看得见、摸得着的东西，有其独特的价值。整洁、美观的室内环境，犹如细雨润物，容易给人营造良好的心境，获得心灵上的享受。一个安静、和谐的学习与生活空间，可以催人奋进，可以影响学生对事物的判断和看法，可以改变学生的学习与生活方式。所以，我特别提醒学生注重教室保持的清洁，坚持了一段时间后，一些曾随手乱扔东西的学生，也都养成了良好的卫生习惯，如此不仅保持了教室的整洁，更重要的是帮助学生养成了良好的习惯。除保持教室的整洁之外，我还充分发挥学生的主体性，带领全班学生用智慧和双手来布置教室，使他们的能力在班级文化建设中得到锻炼和提高，从而实现在班级文化建设中教育人、培养人和熏陶人的目的。

三、班级文化的影响力

还记得电工考证的那一天，我们全班同学满怀信心一起坐大巴车前往佛山市顺德区中等专业学校进行实操考证。送他们到各自的考场之后，我紧张地绕着400米的跑道走了一圈又一圈，因为如果考不过这个证，学生将无法顺利进入顺德职业技术学院就读。终于，第一个学生跑出来了，激动地说："班主任老师，我肯定能过！"学生陆陆续续都出来了，热烈地交流着自己抽到哪套题，操作的时候出现哪些状况，甚至连考官的表情都成为他们预估自己分数的依据。点了一下人，怎么小溪还没出来呢？终于，那个熟悉的身影走了出来，一改往日雀跃的步伐，走得不仅慢，而且有点儿踉跄，他直接跑到一棵大树下。我看着他起伏的肩膀，猜想他一定是在哭，我什么也没说，递上一包纸巾后走开了。

第二天，看他情绪稳定下来了，我问了昨天实训的状况，他说按照抽到的题目完成了各项任务，但是最后一项任务时他对着电路板不断调试，机器却一次又一次跳闸。时间渐渐流逝，可是到考试结束他都找不出问题在哪里。当他步出考场看到老师和同学们，情绪瞬间崩溃，感觉今天的失误源于对试题不熟练，说好的齐"芯"合力、一"芯"向上，现在自己却拖后腿了。认真地听完小溪的讲述，我首先表达了对他平时实训操作的肯定，因为他不是偷懒不学的小孩，只是考试的时候过于紧张而失手了，这都是正常现象；接着又告诉他，今年还有一次实操考试补考的机会，只要过了，还是来得及参加高职高考报名的。齐"芯"合力、一"芯"向上的班级绝不会放弃任何一个愿意努力的同学。听完我的话，小溪的眼睛里又有光了，他表示下次一定争取高分通过。

由于班级其他同学已经考完电工证，我们班便不再开设这个课程，小溪只能利用其他时间跟着2020级的同学一起训练，我悄悄地去观察过他，他专心得连我在他身边站了许久都没发现。三年级的时候，佛山市的第三方考核抽中了小溪，他以97分的高分成绩通过考试，那个时候我就确信，这个孩子以后不管面对哪种"考试"，都能够把自己调整到最佳状态。

我不是专业课老师，但自从带了机器人191班，我格外关注芯片。中国的芯片技术，在国家科技强国战略的影响下从无到有，正如我们班级学生的综合素质，在班级文化的影响下不断进步，进而形成了一种班级精神，即凡事力求做到最好，在学校值周我们是优秀值周班，在企业实习我们是优秀实习班级，不管去到哪里，学生离开时都清理干净宿舍，把最美的一面留下。当前，机器人191班已经全班顺利入读顺德职业技术学院。看到他们在新生军训中斩获全院第一名时，我感到无比骄傲，看到他们所有人一起选择专升本时，我深感欣慰。党的二十大报告提出，必须坚持科技是第一生产力、人才是第一资源、创新是第一动力。教育的主要功能是培养人，把学生培养好了，才能真正做到为党育人、为国育才。适合学生的班级文化才能促进学生的成长成才。

以齿轮之永动　铸智能之匠魂
——齿轮班班级文化

冀殿琛

习近平总书记在庆祝改革开放 40 周年大会上的讲话中提到："信仰、信念、信心，任何时候都至关重要。小到一个人、一个集体，大到一个政党、一个民族、一个国家，只要有信仰、信念、信心，就会愈挫愈奋、愈战愈勇，否则就会不战自败、不打自垮。"人民有信仰，民族有希望，国家有力量。班级，是一个学校的最小组成单位，如果能够让班级的学生有信仰，班级才能够有希望，我们的学校也会更有力量。

2018 年 9 月，我新接手了一个机器人班，也是学生俗称的"和尚班"，可这些"和尚"根本不守"清规戒律"，他们肆无忌惮，喜欢说粗口，喜欢用拳头解决问题，各种违纪情况是一波未平一波又起，整个班级根本谈不上一个集体该有的团结和凝聚力。通过班主任的培训和学习，我认识到班级特色文化会具有无形的教育力量，它是对学生最直接、最重要的影响源之一，在很大程度上影响和决定着学生素质的发展。班级文化是一个班的灵魂，它可以起到让学生自我调节和自我约束的作用。于是，我从班级文化入手，帮助全班同学建立起共同的目标、向上的精神状态，塑造班级的灵魂及信仰。通过班级文化的影响，班级的各项管理都慢慢走上正轨，并取得了不错的成绩。

一、班级文化的内容

1. 班级文化

齿轮文化（齿少气锐，精美绝轮）。

2. 班级建设目标

（1）建设"三有"班级，班级有温度、有规则、有希望。学生有集体归属感，形成人人渴望成才，人人努力成才，人人尽展其才的班级氛围。

（2）培养"三有"学生，学生脸上有笑，眼中有光，脚下有路。通过三年学习考核，学生有自信、有目标，德技并修（见图1）。

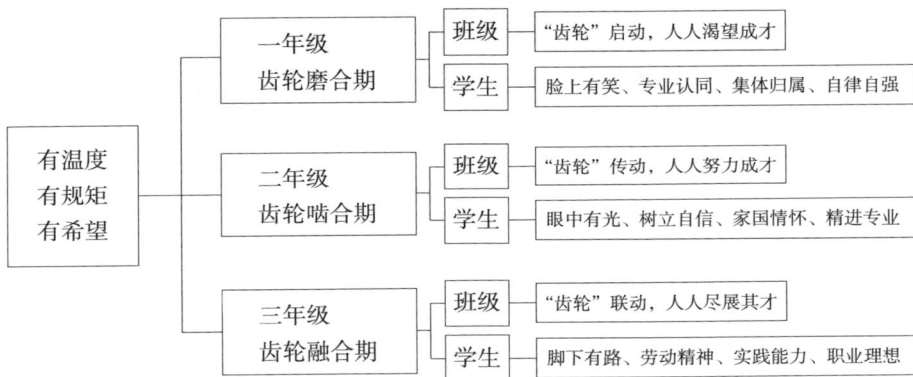

图1 班级建设目标

3. 班级建设理念：以学生为中心

坚持以学生为中心的育人理念，运用正面管教的鼓励教育模式，为学生贴上正面标签。运用积极语言，在和善而坚定的氛围中培养学生自信、自律、自励、自强的品质以及解决问题的能力，培养符合新时代发展需要的新青年。

4. 建班育人路径：启动—传动—联动

（1）由学校、家庭、社区、企业构成"混合动力发动机"，启动"齿轮"，激发学生的内驱力，顺利度过"齿轮"磨合期。

（2）"齿轮"啮合，同学之间相互包容，友爱和谐，传递正能量。

（3）"齿轮"之间成为联动共同体，学生与社会、企业深度融合，实现人生理想（见图2）。

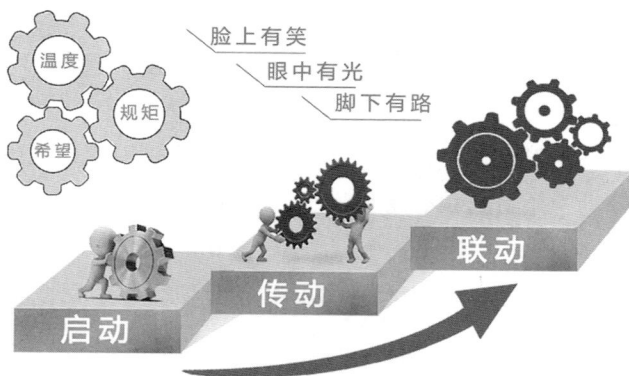

图 2　班级育人路径

5. 班训

越努力，越幸运。

6. 班级口号

团结奋进，精益求精。

7. 班歌

《有用的人》。

8. 班徽

结合齿轮和机器人元素，设计独特的班徽（见图 3）。

图 3　班徽

9. 班级公约：齿轮公约

（1）结合校规制定齿轮公约。

公约内容主要包括：人人渴望成才（自尊）；人人努力成才（自强）；人人皆可成才（自励）；人人尽展其才（自信）。

（2）以"齿轮之旅"积分存折进行量化考核。

用积分存折（见图4）开启学生的齿轮之旅。

图4　积分存折

二、班级文化的建设过程

1. 明确职责使命，做好引路人

班主任在整个班级的管理工作中扮演着十分重要的角色，发挥着非常关键的作用。我们要明确职责和使命，做好学生"锤炼品格""学习知识""创新思维""奉献祖国"成长路上的引路人。要想形成具有特色的班级文化，首先班主任要重视，班主任重视了，学生才会重视。在给学生布置任务之前，我都会查阅一些资料，做到心中有数。只有班主任做好一个班级的顶层设计，学生才能更好地按照班主任的引导执行工作。如果不加引导，完全放手让学生去做，最理想的状态也只能是完成，难以形成对班级有一定作用的特色文化，而这对于中职学校的纯男生班级来说，更是难上加难。

2. 发挥集体智慧，全班齐参与

对于班级的任何一项活动，我都会组织主题班会，组织大家一起商讨。让大家形成一种意识，班级的每一件事，都与每位同学息息相关。在班级文化建设初期，通过数次开会商讨，我们初定了用与本专业密切相关的"齿轮"作为班级文化的象征，为了增强大家对集体的归属感，我召开了主题班会来研讨齿轮的深刻意义和内涵。"老师，齿轮有凹有凸，不就像我们每个人的优点和缺点吗？""老师，齿轮是圆的，也象征了我们应该要团结。""老师，齿轮在啮合时，是不是可以理解为我们要取长补短，互相包容呢？""老师，齿轮少了一个齿，就不能工作了，那我们的班级目标就可以定为'一个都不能少'，好不好？""老师，我又想到了一点，齿轮的每个齿要求精度也要很高，也可以代表精益求精、规规矩矩的精神呀。""国徽的外观就是一个齿轮，也象征着我们班的同学都很爱国。"主题班会课上，大家都思如泉涌。我们以"齿少气锐，精美绝轮"八个字来代表班级精神，班级公约、班徽、班训、口号等也围绕齿轮精神诞生了。

在制作班徽过程中，因为全班都是男生，动手能力相对来说不是很强，我们就根据每个人的特长情况进行合理分组。我也利用课外时间，组织大家一起制作班徽，裁裁剪剪、写写画画，制作的过程拉近了师生之间的距离，也让同学之间的关系变得更加融洽。班级文化评比，我们班获得了一等奖，同学们的积极性一下子提高了很多，因为他们看到了自己在集体中的价值。

3. 制度依托精神，管理精细化

"无规矩不成方圆"，班级的规章制度是对学生日常行为的规范教育，使学生心中能有规则意识。制定班级规章制度的前提是对价值观的认同和接纳，在班级精神文化的影响下，大家一起共同探讨，结合校规一起制定了班规，购买了积分存折，实行小组精细化共治管理，班级的隐形文化也在慢慢地修正班级最初的显性表现。班级的精神文化一旦成型，就像在学生心中种下了一颗信仰种子。在班级精神文化的影响下，学生的状态和以前大不一样。三星级班级、四星级班级、直到五星级班级，文艺汇演一等奖、班服设计大赛一等奖，篮球比赛、排球比赛一等奖等等，满载着全班同学团结、智慧及辛勤汗水的大大小小的奖状，贴满了班级的后墙。看着他们每天的笑脸，我感受到班级文化不仅为班级带来了灵魂，而且为学生带来了自信和力量。

三、班级文化的影响力

有一天下班路上，我看见前面有几个穿着校服的学生围着一辆摩托车，有两辆摩托车正准备出发。我扶了扶眼镜仔细一看，心想：啊？开摩托车的那个不就是我们班的小培吗？我顿时火冒三丈，冲上前去，对着小培吼道："安全教育天天讲，一定不能骑摩托车回学校，你没听见吗？"小培显然被我吓了一跳，他看了看他的同伴，说："这是放学，你管那么多干吗？""我管得多？我……"小培没等我说完，竟然骑着摩托车扬长而去，只留下他几个同伴的喝彩声："小培，够威！"还有一个同伴竟然对着我吹口哨。在学生面前一向都很威严的我，竟然遭到如此对待，我真不知该用什么样的语言来描述我当时的心情了。

第二天，我怒火未消地来到教室，看到小培像没事人一样坐在座位上，我强压心中的怒气对着全班讲："我想问大家，我有没有和你们说过不能骑摩托车上学？"很多同学回应我说："说过。""虽然我都说过了，但我们班依然有这样的同学，我们是一个优秀的班集体，我们每个人都要注意自己的一言一行。"小培腾地一下从座位上站起来，一摔凳子说："好，你们都优秀，就我最差，我不拖累你们，我退学，行了吧？"说完，他摔门而出。

下课后，班长小欣过来找我："老师，我们的班级文化是不是得改一改了？"

我很疑惑地问他："为什么要改呢?"小欣说："齿轮如果缺少了一个齿,就没法完成它的啮合任务了,小培如果退学了,那我们班的齿轮不就是缺少了一个齿吗?"我陷入了沉思:是呀,我总是和学生说,我们要学习齿轮的精神,要团结和包容,而现在我做的事呢?对于学生的错误我没有先去了解事件背后的真正原因,而是一味地去责备,去推开他。我希望种在学生内心的齿轮精神,却没有在自己心中内化。

当晚,我去了小培家家访,才得知小培是因为爸爸生病住院,妈妈在照顾爸爸,他需要接送妹妹上下学,为了不迟到,才骑了爸爸的摩托车。我首先为自己的冲动和不顾及小培的面子而向小培道了歉,小培说："老师,我是觉得要面子,我不应该对您那个态度,其实我也明白,您冲我发火也是担心我的安全,我明天开始会早点儿起床,把这些事情安排好的。"

每当看到班级墙壁上那个大小相啮合的齿轮,我都觉得它有一种神奇的力量,它在转动的同时似乎也在时刻提醒着我和班上的这些孩子们。它也让我明白了,班级文化不仅仅是我们看到的,摆着墙壁上的那些漂亮的图画,更应该是用心、用情去体会的一种班级精神,也是深深种在我们心中的一种信仰。学生有信仰,班级才有力量,学校才有希望,国家才能富强。

精打细"模" 别具"毅"格
——精毅班班级文化

晏美凤

以习近平新时代中国特色社会主义思想为指导，坚持为党育人、为国育才，全面贯彻党的教育方针，落实立德树人根本任务，结合《国家职业教育改革实施方案》《中等职业学校德育大纲》和《模具制造技术专业人才培养方案》，坚持以学生为中心的教育理念，创班级精毅文化，打造"三精"班级，培养"三毅"高素质模具专业技术技能人才。

一、班级文化内容

1. 班级文化

精毅文化。

2. 班级目标

（1）班级建设目标。

建设成为一个具有精诚团结班风、精进笃行学风、精益求精作风的班集体。

（2）学生培养目标。

落实立德树人根本任务，基于学生发展规律，立足专业人才培养方案，培养模具精毅班的学生成为厚德弘毅、谨重严毅、果敢坚毅的高素质技术技能人才。

3. 建班育人理念

建班育人理念从国家层面和班级层面两方面展开，具体如表1所示。

表1　育人理念

思路	培养什么人？	怎么培养人？	为谁培养人？
国家层面	培养德智体美劳全面发展的社会主义建设者和接班人	在六个方面下功夫：坚定理想信念、厚植爱国情怀、加强品德修养、增长知识见识、培养奋斗精神、增强综合素质	为党育人、为国育才
班级层面	培养厚德弘毅、谨重严毅、果敢坚毅的模具匠才	一"核"三"阶"五"轴"育人模式，打造模具精毅班	为适应新时代制造强国建设，培养高素质技术技能人才

　　基于学生和班级情况，坚持以学生为中心的教育理念，结合专业核心素养，创班级"精毅"文化，形成一"核"三"阶"五"轴"的育人模式（见图1），致力打造"三精"班级，培养"三毅"学生，共创适应新时代制造强国建设的精毅班。

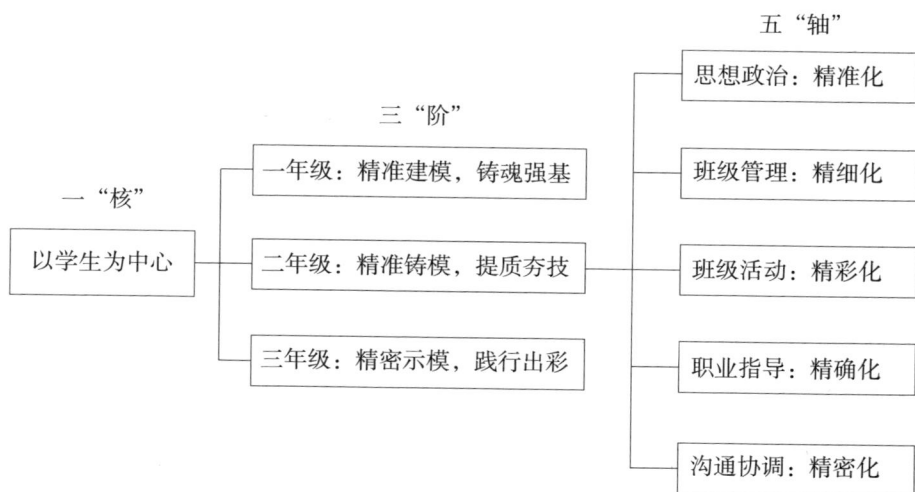

图1　一"核"三"阶"五"轴"育人模式

4. 建班育人路径

三个年级设立不同目标，培养学生不同品格，用相应的路径助其进阶
成长（见图2）。

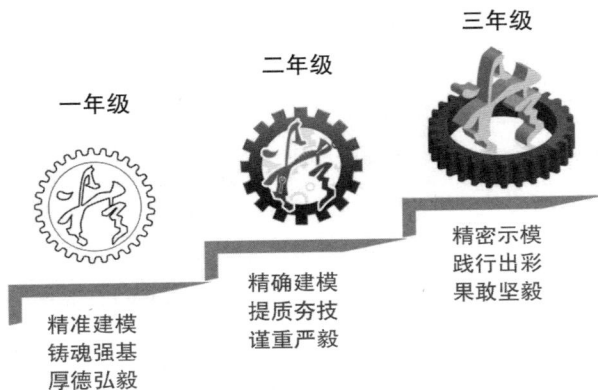

图2 育人路径

5. 班训

打磨"精毅"文化，打造"三精"班级，培养"三毅"学生。

6. 班徽

结合齿轮元素和"精"字，设计班徽（见图3）。

图3 班徽

二、班级文化建设过程

为深入贯彻落实教育部办公厅《关于加强和改进新时代中等职业学校德育工作的意见》，推进实施素质教育，根据班级建设目标，结合班主任的五大职责，我们精毅探索，确定了班级文化建设内容。

（一）思想政治：精准化

1. 培根铸魂，抒发传承爱国情

（1）开展"精毅之声"系列活动，通过主题班会、习近平总书记金句学习、读党报党刊等爱国主义主题教育，学习习近平新时代中国特色社会主义思想、社会主义核心价值观等先进理论，筑牢信仰之基，补足精神之钙。

（2）组织参观党史博物馆、走访红色基地等研学活动，不断增强学生对伟大祖国、中华民族的认同感，把稳思想之舵。

2. 阳光赋能，觉知调节情绪场

（1）建立"精毅成长日志"，构建学生增值评价机制，用"情绪温度计"关注学生情绪变化，跟踪掌握学生心理状态，关注学生的进步和成长。

（2）定期开展不同主题的心理团辅活动，用解压游戏、团体活动等形式提高学生心理健康水平；建立心理个辅方案，与心理老师对接，促进学生阳光成长。

3. 铁骨磨砺，内化形成忍耐力

开展"加油男子汉"系列活动，通过国防军事教育、征兵宣传、参加军事博物馆等活动，磨砺学生镍而不舍的忍耐力，将其报国之情、强国之志转化为助力国防和军队现代化建设的强大精神力量。

（二）班级管理：精细化

1. 制定精细化管理制度，增强学生责任心、激发学生上进心

（1）组建精明能干的班团委：坚持每周召开班干部会议，每月开设一

次班干部领导力培训课，提升班干部的综合能力，展现其模范带头作用，逐步实现班级自主管理。

（2）形成团结向上班风：制定班级精细化管理制度，巧用"加减乘除法"助力班级建设。在思想管理上做加法、在工作主次上做减法、在实施过程上做乘法、在岗位分工上做除法，做到对标、对表，责任到人，挂图上墙，插旗管理，增强班级成员的责任心，实现班级健康发展态势。

（3）构建精进笃行学风：落实"三查两制一课"目标，勤查早读、查午休、查晚修，完善课堂管理制度、手机管理制度，上好每周一次的主题班会课，营造良好的学习环境，激发学生积极进取的上进心，形成争先创优的学习氛围。

2. 结合柔性化建设，规范个人行为，提升学生职业素养

（1）注重精神文化输入：着眼社会和企业对模具专业人才的要求和期待，凝练出班级内涵——"精"，确定班名为"精毅班"，共同商议班级公约、班级管理制度、班级口号、班徽，引导学生自我教育，形成内驱力。

（2）加强环境文化建设：引进企业7S（即整理、整顿、清扫、清洁、素养、安全和节约）管理模式，落实绿色文化入室，三严理念上桌、模具文化上墙，打造富有专业氛围的育人环境，实现润物无声的育人效果。

3. 注重过程性评价，强化激励作用，促进学生个性发展

结合专业特点，创新评价机制，注重多元化过程性评价，以"准备阶段—实施过程—结果评定"为主线，从"学生自评—生生互评—企业导师点评—教师定评"的四个角度，从"思想态度—学习内容—过程表现—学习效果"四个维度评定学生的综合能力，形成"三段四元四维"的评价机制。注重正面激励的作用，提高学生的主观能动性，促进学生个性化发展。

（三）班级活动：精彩化

1. 读书活动培养习惯

开展"精毅书评"系列活动，通过好书推荐、诵读美文、朗读比赛、改编诗文舞台剧等活动，充实学生的课余时间，培养良好的学习习惯，创

造良好的学习氛围。

2. 体育活动强健体魄

督促每天阳光跑操运动、每月组织一次球赛，利用校运会的有利契机加强学生的体育锻炼，提高其体质水平。

3. 才艺活动培养自信

开展"精毅创造营"系列活动，学生组团表演，自导自演成长故事、征集文明风采、快闪表演、成人礼、五四盛典之颁奖典礼等活动，发掘学生潜力，打开学生的创新思维，帮助学生树立自信心，激发内驱力。

4. 劳育活动创造价值

开展"劳有所获"系列活动，通过建立校园劳动基地、黑板报设计、家庭劳动体验周、慰问劳模等活动，帮助学生树立正确的劳动观，激发学生劳动意识的养成。

5. 团建活动提高素养

开学初，组织破冰游戏，拉近师生、生生间的心理距离。设计游园会、大食汇等团体活动，丰富学生的学习生活，增强班级凝聚力。

（四）职业指导：精确化

1. "精毅访谈"，指明方向增强认同感

举行"精毅访谈"系列活动，通过开展专业部长讲座、优秀毕业生分享会、企业高工论坛，增加学生对专业的认同感和归属感，为其职业生涯规划铺路搭桥。

2. "精毅比武"，夯实技能提高专注力

开展"精毅比武"系列活动，通过零件测绘竞赛、实操技能竞赛、毕业设计答辩三大技能主题竞赛活动，提高学生创新能力，夯实其技术技能，突出动手实践能力在专业发展上的重要地位。

3. "精"牌工作坊，助力发展实现职业梦

开展"精"牌工作坊系列活动，建立企业师徒制，一师多徒，支持老师傅线上、线下同步技术指导，组织学生上专业体验课、技能考证、下专业对口的企业实践，开展简历制作、面试技巧专项培训，参加高职高考和

招聘双选会，为学生职业人生出彩助力。

（五）沟通协调：精密化

1. 搭建"精毅联盟"平台，助力家校共育

搭建"精毅联盟"平台，通过家校互联线上系统，构建家校共育模式，家长可以随时了解学生在校表现，及时反馈，促进学生良性发展。选举家委，收集家长心声，服务班级建设，使家校共育产生合力。

2. 组织社会实践活动，联动各方力量

策划社工进校园、参观校企合作企业、举办征集青年创业计划书、毕业作品义卖等活动，整合资源，协同育人，合力构建学生未来发展的美好蓝图。

三、班级文化的影响力

1. 班级制度精细化，提升班级管理效果

针对目前存在的问题，在之前精细化制度的基础上，在班会上组织学生对班级分工进行讨论，制定更为合理的精细化安排，如卫生由每日一轮改为每周一轮，避免值日生之间相互推诿的问题。实行由卫生委员和第三方小组进行卫生评价及监督的机制，对一周值日评价全A的个人，进行插旗表彰，并选出代表在下一周的班会课上作经验分享。学生感受到了因班级环境而带来的愉悦感，习惯成自然，也会慢慢地从思想上认可并认真履行好岗位职责。

2. 朋辈力量精毅化，优化班干部管理技巧

规范是群体建立的普遍认同的行为标准与准则，正面的规范会让学生产生积极的从众行为。借助班级特色活动"精工访谈"栏目，邀请优秀班级的班干部走进班级，分享班级管理经验。在建设优秀班干部队伍过程中，实行竞岗聘任制，通过投票选出一支有正气、有责任、有担当、肯付出的班干部队伍，并颁发聘书，树立及强化班干部的责任意识。同时，对班干部进行详细的岗位职责分工，每月由班主任、科任老师和全班同学分

别对其进行评价。每个班干部负责不同的小组，严格监管违纪情况，及时提醒，充分发挥班干部朋辈的作用，引导更多的学生自觉养成良好的行为习惯，并主动承担班级责任。

3. 岗位分工精细化，聚集班级正能量

班级分工实行"人人有事做，事事有人做"的理念。通过"劳有所获"的班级特色活动，让班级的每一扇窗户、每一块窗帘、每一台空调都有它的"主人"，责任细化落实到每个人。这样的分工增强了学生在集体中的参与度，也培养了学生的责任担当意识。采用"积分存折"记录岗位履行完成情况，并将其作为月末"抽奖"和期末评优的依据。

根据心理学中的标签效应，正念标签能使人转向阳光的一面，朝着更积极的方向发展，只要发现学生良好的行为，及时给学生贴上"正念标签"，颁发精英徽章，让学生体会到良好的行为习惯给自身提供的正向情绪价值，增加自我价值感。

润泽美心　琢玉育人
——郑敬诒职业技术学校心理健康教育特色文化介绍

孙荣梅　刘焕芳　谭顺翔

一、琢玉心育的内涵

我校坚信每位学生都是一块璞玉，经精雕细琢后皆可成美玉，据此我校形成了独树一帜的"琢玉"育人理念。在此理念下，经过十多年的心育研究与实践，我校逐步形成了"润泽美心，琢玉育人"的琢玉心育特色文化。

琢玉心育通过"辨玉""琢玉""秀玉""养玉"四个阶段提升美化学生心灵，塑造学生积极心态。其中，辨玉指引导学生从不同角度探讨自我，认识自我；琢玉指引导学生激发自我潜能，提升心理品质，悦纳自我；秀玉指鼓励学生表达自我，展示自我，完善自我；养玉指提升学生职业心理素养，实现自我。

二、心育工作团队

心育工作团队包括专职心育团队、兼职心育团队和学生团队，各自承担不同的职能（见图1）。

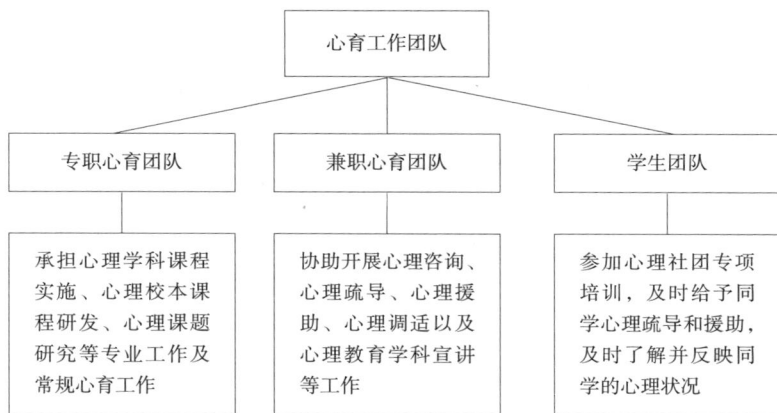

图1　心育工作团队结构图

三、琢玉心育工作体系

根据琢玉心育理念，结合佛山市心理健康教育"八个一"的工作要求，我校有计划、有步骤地开展发展性和补救性心育工作，培养学生积极人格，培育出彩中职生。

（一）发展性心育培养学生积极人格

1. 以班主任团队和心理社团为抓手，全面开展发展性心育工作

通过班主任团队的力量，利用班会课和心理课开展心理健康主题教育，拓宽心育渠道。由心理老师提供心育教学设计，由班主任利用主题班会对学生进行心理健康教育，其主要内容包括：①自信教育，学会发现自身优点，悦纳自己；②人际交往教育，关心他人、乐于合作；③适应性教育，积极适应各种环境变化；④耐挫折教育，学会积极应对困难等。

心理委员团队是开展心育工作的重要助手，心理委员通过心理社团的活动体验并进行专业学习，提升自我心理素养，初步掌握心理助人者的专业技能，提高心育工作能力。心理委员在心理宣传和心育活动的开展中发挥了重要作用，如利用微信公众号"郑职怡心园"、"心海扬帆"心理小报与"心灵之声"心理广播定期开展学校心育活动，传播心理健康知识，提

升自己的综合能力，进而更好地发挥同伴教育的功能，同时协助开展社团文化节的展演活动、心灵成长感悟标语征集活动、缤纷自我秀心理手抄报活动、大型团体娱乐活动等。

2. 以团体心理辅导和特色心育活动为载体，深度培育学生积极品质

我校充分重视体验式心育手段的运用，以培养学生积极心理品质为核心，开展对学生、教师、家长的多维团体心理辅导，如有针对性地开展大型团康活动、自信提升小组训练营、宿舍层长团体辅导活动等。

在开展多维团体心理辅导的基础上，基于"琢玉"心育理念以及中职生自我效能感和自信心不足的实际情况，我校开发了"三能三化"的特色心育活动。"三能"指在范围上能让普通学生广泛参与的活动，在难度上能增加学生成功体验机会的活动，在效果上能提升学生整体自我效能感和自我认同感的活动；"三化"指活动平民化、参与化、主体化。在这一理念下，课程建设小组经过长期的实践探索，在小课题《舞台秀项目训练对提升中职生自我效能感的有效性研究》的引领下，开发了"班级舞台秀"的主题教学形式，"郑职草根舞台秀""缤纷自我秀"的德育实践活动形式，其显著特点是面向学生的未来生活和职业，充分运用朋辈力量和学生自身生活经验来做学生的心理建设和自我教育。通过几年的教育实践证明，这种活动形式大大激发了学生的参与性和主体性，得到了学生的热烈欢迎和多方人士的广泛好评。

3. 以家庭、社区、企业为依托，合力构建立体心育工作网络

借力家庭力量，夯实心育基础。我校规范化家长学校工作，运用家长学校教材，定期组织集中教学、实践交流等活动，向家长普及科学的家庭教育知识和方法；2018年成立"名正唐顺"家庭教育指导工作室和家长学校活动室，举办心育家长会，开展了"梦想与学习"主题沙龙，开设"构建良好的亲子关系"等专题讲座，积极调动家长的教育功能，指导家长创造良好的家庭氛围，以此提升整个家庭心理健康教育的水平；通过开展亲子团体辅导提升亲子沟通质量，改善亲子关系。

引入社区资源，拓宽心育渠道。学校立足社区，充分发挥社区资源，

先后引入君行、天伦万家等社工组织，通过与社工组织协作开展丰富多彩的心育活动，逐步形成心理健康教育工作网络。同时，通过在社区开展心理咨询、家庭教育等便民服务活动，将心理健康知识带进社区，优化学生的成长环境。

重视校企合作，提升职业素养。学校通过开展职业主题班级团体辅导帮助学生调整心态，顺利进入职场环境；通过开展进企专题讲座，解决学生初入企业出现的不适应等问题；针对实习期间学生人际沟通、角色转换、心态调整等方面出现的问题，通过开展实习个体辅导等方式解决，以提升学生职业心理素养。

（二）补救性心育优化学生心灵

学校心理发展中心周一至周五对全体师生开放，由专职、兼职心理教师定期值班，每周开放时间 15 个小时以上。

学校利用心理网站平台（http：//192.168.129.51）和灵治心理软件系统建立师生信息化心理档案，提升心理干预效率。学校心理网站包含了心理美文、心理手册、教学相长、人际关系、智商情商、心理理论六大模块。学生可以通过网站了解心理知识，进行心理测评和心理咨询。教师可通过网站建立学生心理档案，进行心理普查，及时发现问题并对学生进行心理干预。从 2017 年起，学校通过平台和软件系统每年对全校教职工以及在校学生进行心理健康普查，普查率为 99%，并建立了师生的心理档案，对筛查出具有心理预警信号的学生进行全面跟踪辅导，同时建立学校心理危机干预方案并高效实施。

四、琢玉心育特色与成效

（一）琢玉心育特色

1. 科研引领心育实践，助推心育内涵式发展道路

通过多年心育实践工作的探索，我们充分认识到"心育要发展，科研要先行"。提升心育工作品质，必须在抓好常规工作的同时，还要走心育

内涵式发展的道路。而开展心育科研正是心育工作内涵式发展的必经之路。因此，从2016年开始，我们根据心育实践工作中遇到的实际问题，先后申报了省级小课题《舞台秀项目训练对中职生自我效能感的有效性研究》，广东省《心理健康》优质课程建设项目中的《在中职心理教学中渗透积极心理品质培养的实践研究》《中职学校智慧家长培养模式初探》等课题，范围既涉及课堂教学研究，也涉及心育活动研究。通过开展课题研究解决实际工作的问题，不仅产生了创新式的心育成果，促进了心育内涵式发展道路，也大大提升了我校心育师资的工作能力。

2. 融入戏剧策略教学，打造优质课程特色

结合我校琢玉心育的特点，在认识教育戏剧的优越性和职校心理课堂教学的实际基础上，我们将戏剧策略应用于职校心理健康教学，作为我们创新教学手法的发力点。通过对教师开设戏剧专业培训和将戏剧策略融入常规课堂的教学实践，逐步形成戏剧策略教学素材成果，并最终形成我校心理课程建设的特色。2017年，在广东省《心理健康》优质课程建设项目的引领下，我们按照需求模块化、模块问题化、问题情境化、情境戏剧化、戏剧素材化的"五化"思路来组织课程开发，并在将戏剧手法融入问题情境过程中，让课堂贴近学生心理发展状态。在两年的课程研究与实践的基础上，我们共开发出10个戏剧策略素材，开发了20个融入戏剧策略的教学设计集，最终形成具有一定教育戏剧特色的心育校本课程。

3. 独创舞台秀心育形式，突破心育工作瓶颈

通过几年的心理健康工作实践，我们发现职校学生普遍存在自我效能感不足、自我接纳程度较低的情况，这既是影响学生学习和生活积极性的重要因素，也是心育工作的重大瓶颈。基于此，我们首先在班级心育课堂中开创性地进行了以提升学生自信和效能感为目的的教学尝试——班级舞台秀。在积累成果经验的基础上，我们继而开发了学校草根舞台秀，搭建普通学生展示和成长的平台。广东技术师范大学原副校长潘自勉教授认为我校独创的舞台秀活动项目通过学生"出场"展现自我"在场"与"现场"，进而通过"现场"展现学生自我世界，实现"自我面具"转换，最

终实现对现场观众的影响，促使分享者与观众的心理交互现象的发生，这非常符合中职生的心理特点。舞台秀项目具有微步骤、参与化、生活化、职场化的突出特点，通过创设平民化舞台，可以引导学生根据自我经验实现在舞台上的从容表演，增加学生的成功体验，从而提升学生自我效能感，最终突破心育工作瓶颈。

五、心育展望

我校将继续完善以"教育戏剧应用"为特色的心理教育教学方式，提炼、整理出物化成果，为中职院校一线心理教师的教学实践提供参考与支持。

进一步完善和优化琢玉心育工作网络，不仅要加大对教师的教育心理学培训力度，为学校今后的心育工作奠定坚实的基础，还要继续在职业心理素养方面做更深入的积极探索，进一步提升学生的综合职业素养，为学生的成长创造条件。

团学引领促发展　志愿服务育栋梁
——郑敬诒职业技术学校青年志愿文化介绍

麦兆朗

　　郑敬诒职业技术学校青年志愿者协会前身为义工协会，成立于2005年。2016年9月，经学校党政及学校团委批准，更名为青年志愿者协会。郑敬诒职业技术学校青年志愿者协会，以科学发展观为指导，以"人人参与、人人爱心、人人收获"为宗旨，大力弘扬"奉献、友爱、互助、进步"的志愿者精神，激励和引导学生积极向上、乐于助人，提升学生传递爱心、传递文明、传递责任的意识，推进我校志愿者服务向系统化、规范化、深层化发展。学校营造"人人都是义工"的氛围，在校青年学生100%注册为志愿者，用志愿者精神影响每一位学生，帮助学生健康快乐成长，让其乐于勤奋学习，勇于承担社会责任，成为和谐社会的助力者。

一、以团委为依托，做好青年志愿服务活动的开展

　　青年志愿者协会是在我校团委领导下的师生志愿服务组织，接受学校党委指导，由学校党总支委员、德育副校长任其主管领导；由学校团委书记担任协会指导老师，负责组织和管理各班级义工服务队的工作。各班成立班级义工服务队，成员为全班学生，团支部书记担任本班义工服务队队长，各班义工服务队队长主要负责具体活动中本班义工的召集和日常档案管理工作，保证各项活动的组织开展有序、高效、安全。学校青年志愿者协会按照服务特色共分为7个服务队，分别是值周班级志愿者服务队、校内志愿者服务队、礼仪专业志愿者服务队、珠宝志愿者服务队、敬老志愿者服务队、社区志愿者服务队和国际志愿者服务队，具体的组织架构如图1所示。

```
                        ┌──────────┐
                        │ 青年志愿者 │
                        │   协会    │
                        └──────────┘
        ┌──────────┬──────────┴──────────┬──────────┐
   ┌─────────┐ ┌──────────┐      ┌─────────┐  ┌─────────┐
   │校志愿服务者│ │各专业部义工总│      │ 教师义工  │  │ 家长义工服 │
   │   总队   │ │队（含7大部）│      │  服务队  │  │   务队   │
   └─────────┘ └──────────┘      └─────────┘  └─────────┘
```

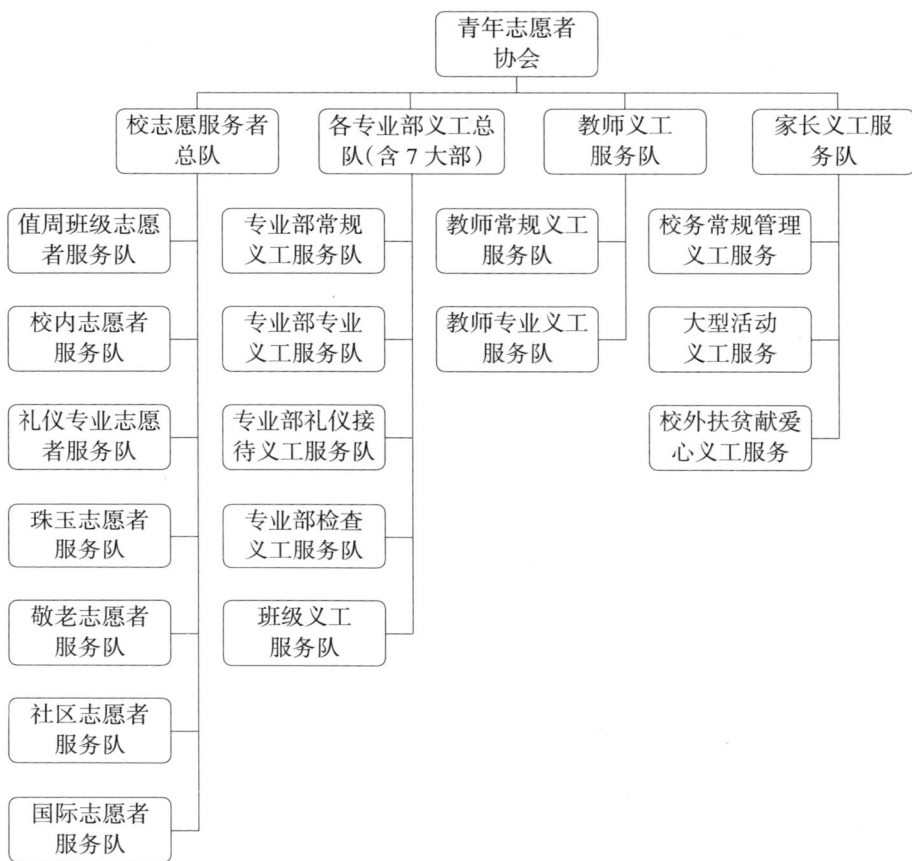

┌─────────────┐ ┌─────────────┐ ┌─────────────┐ ┌─────────────┐
│值周班级志愿 │ │专业部常规   │ │教师常规义工 │ │校务常规管理 │
│者服务队   │ │义工服务队   │ │服务队   │ │义工服务   │
└─────────────┘ └─────────────┘ └─────────────┘ └─────────────┘

┌─────────────┐ ┌─────────────┐ ┌─────────────┐ ┌─────────────┐
│校内志愿者   │ │专业部专业   │ │教师专业义工 │ │大型活动   │
│服务队   │ │义工服务队   │ │服务队   │ │义工服务   │
└─────────────┘ └─────────────┘ └─────────────┘ └─────────────┘

┌─────────────┐ ┌─────────────┐   ┌─────────────┐
│礼仪专业志愿 │ │专业部礼仪接 │   │校外扶贫献爱 │
│者服务队   │ │待义工服务队 │   │心义工服务   │
└─────────────┘ └─────────────┘   └─────────────┘

┌─────────────┐ ┌─────────────┐
│珠玉志愿者   │ │专业部检查   │
│服务队   │ │义工服务队   │
└─────────────┘ └─────────────┘

┌─────────────┐ ┌─────────────┐
│敬老志愿者   │ │班级义工   │
│服务队   │ │服务队   │
└─────────────┘ └─────────────┘

┌─────────────┐
│社区志愿者   │
│服务队   │
└─────────────┘

┌─────────────┐
│国际志愿者   │
│服务队   │
└─────────────┘

图 1　青年志愿者协会组织架构

二、立足校园，面向社会，积极开展全面志愿服务

三年来，郑敬诒职业技术学校青年志愿者协会章程规范，组织机构完整，学生自主管理有效，指导老师认真负责，不仅能立足校园，而且积极向外拓展，主动面向社会，充分发挥技工学校学生的知识优势和技能特长，深入社区广泛开展形式多样、内容丰富的志愿者服务活动。例如，多次参加街道、区、市级的大型活动，积极参与创建全国文明城市志愿服

务。此外，我校义工参加佛山市顺德区教育创客节志愿服务；配合上级团委组织50 000米徒步、伦教集体婚礼、旅游文化节、木工机械展、珠宝展等活动；协助学校开展各类大型活动，如学校承办的广东省技能竞赛、郑敬诒奖学金颁奖礼、校运会等；协助村委会开展重阳节敬老饭活动。近三年，我校义工校内外义工服务累计142次，参加服务师生3 426人。

学校志愿服务工作亮点突出，影响力大，成绩斐然。我校青年志愿者协会被评为第二批"广东省中学生志愿服务示范校创建单位"，2016、2018、2020、2021年均获评"顺德区优秀志愿服务组织"，获得"第三届广东省中等职业学校学生社团优秀成果三等奖"，其中"人人参与，全员义工"志愿服务项目荣获2019年顺德区"优秀义工服务项目"称号。

三、借助契机，成立国际志愿者服务队，打造义工服务新品牌

2016年7月，我校津巴布韦钻石加工留学生班正式开班，第一批25位津方留学生入校报到，为推动双方学生共同进步，传播志愿者精神，我校决定成立国际志愿者服务队。国际志愿者服务队的成立与活动开展，使其迅速成为我校义工的新名牌，并相继组织开展了一系列活动：乐学中国书法，共扬慈善精神——国际志愿者探索传统文化公益之旅，"六校之约，共赢未来"——三国六校师生文化交流联谊活动，顺德启智学校"我韵动，我美丽"义工服务展示活动，国际志愿者服务队"红红火火过大年，情意浓浓包饺子"迎新年活动，"绿城飞花，美哉伦教"植树节活动。

四、积极注册i志愿系统，人人参与义工活动

在对团员和志愿者的管理工作中，根据团省委的部署与要求，我校严格执行团员报到及使用i志愿服务系统。我校团组织现有64个团支部，已全部建立系统团支部，共报到团员438人，报到率达100%。我校建立健全了志愿服务工作机制，落实中学生进入团校学习必须先成为注册志愿者

的制度，把志愿服务作为入团教育、团员日常教育和学生综合素质评价的重要内容，制定完善的保障制度、规范的评价制度和激励表彰制度。要求团员必须全部注册 i 志愿系统，并将 i 志愿系统作为优秀团员期末考评的重要参考。我校现有团员已全部注册 i 志愿系统，该系统已成为我校重要的志愿服务发布和管理平台。

五、推进德育校本课程，开展志愿服务培训

"人人参与、全员义工"是我校德育校本课程，倡导每个学生在校期间为社会、为学校、为同学开展 100 小时以上的义工服务活动，同时将其作为德育考核的重要条件。

首先，通过"人人参与、人人收获、传递爱心、传递文明、传递责任、普通义工、专业义工"七大主题培养学生的参与意识、公益意识、责任意识以及积极向上的人生态度，为他们今后走向社会提供自我发展的空间。

其次，转变教师的教学观、学生观、课程观和教学方式。

最后，以活动体验课的形式开展德育课程，形成独特的人才培养模式，培养学生良好的人文素养和职业素养。

"人人参与，全员义工"德育校本课程是针对中职生思想道德素养、公益意识展开的综合性教育。课程从学校实际出发，建立具有学校特色的、对学生成长具有针对性、实效性和开放性的德育课程体系。我校开设的课程有基础类培训课程、专业类培训课程、活动体验类课程。

由学校团委或者邀请顺德区义工联合会成员、伦教街道义工联合会、对学生义工进行培训，引导全校学生积极参与志愿活动。

六、推行五色志愿手环，增强学生志愿服务意识

我校青年志愿者协会制作的志愿手环根据义工服务时长分为白、绿、黄、蓝、红五种颜色，代表五个级别。凡参加过志愿服务者，志愿服务时长在 20 小时以内的，均可被认定为一星志愿者，获"玉脂白"手环，此手环象征我校学子怀着奉献的精神，初做志愿者，如一块有待雕琢的白玉；志愿服务时长累计满 40 小时，可被认定为二星志愿者，获"青春绿"手环，此手环象征志愿者在志愿服务中已经有收获、有成长；志愿服务时长累计满 70 小时，可被认定为三星志愿者，获"活力黄"手环，此手环象征志愿者已经有一定志愿服务经验，能给被服务者带来如阳光般温暖舒适的体验；志愿服务时长累计满 100 小时，可被认定为四星志愿者，获"郑职蓝"手环，此手环象征志愿者已成为具备一定专业知识的志愿服务者；志愿服务时长累计 101 小时以上，可被认定为五星志愿者，获"中国红"手环，此手环象征志愿者能更好地面向社会进行志愿服务，践行社会主义核心价值观，为实现中国梦而奋斗。手环体现了我校青年志愿者爱心、耐心、劳心和用心的优秀品质，是学校志愿服务的一种标识，更是激励志愿者的一种方式。具体如图 1 至图 5 所示。

玉脂白

志愿服务时长：1 ~ 20小时

白色代表纯洁、圣洁、优雅。
象征我校学子怀着奉献的精神，初做志愿者，如一块有待雕琢的白玉。

图 1 "玉脂白"手环

青春绿

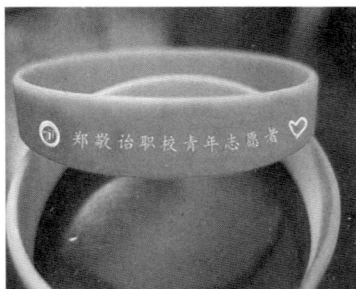

志愿服务时长：21～40小时

绿色代表生命、希望、自然、青春。

象征志愿者在志愿服务中已经有收获，有成长。

图 2 "青春绿"手环

活力黄

志愿服务时长：41～70小时

黄色代表着阳光、温暖、活力、智慧。

象征志愿者已经有一定志愿服务经验，能给被服务者带来如阳光般温暖舒适的体验。

图 3 "活力黄"手环

郑职蓝

志愿服务时长：71～100小时

蓝色代表着可靠、力量、清爽、专业。

象征志愿者已成为具备一定专业知识的志愿服务者。

图 4 "郑职蓝"手环

中国红

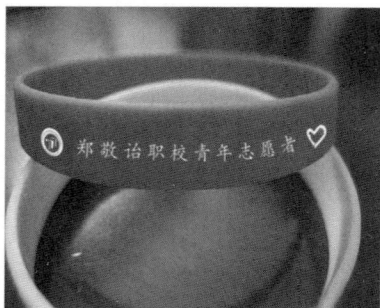

志愿服务时长：101小时以上

红色代表着积极乐观。

象征志愿者能更好地面向社会进行志愿服务，践行社会主义核心价值观，为实现"中国梦"而奋斗。

图5 "中国红"手环